JN102256

シンプルなのに圧倒的に「伝わる」！

The first 300 English conversation
phrases that native speakers learn

ネイティブが
最初に覚える
英会話
フレーズ300

Sakura English

ハーパーコリンズ・ジャパン

はじめに

　はじめまして。YouTubeで初心者向け英語学習チャンネル「Sakura English」を運営しているサクラといいます。登録者数50万人以上の英語学習チャンネルを運営している私も、かつてはみなさんと同じように英語を身につけたいと、日々学習に励む一人でした。

　私は日本生まれの日本育ち。「英語を話せるようになりたい」と真剣に思ったのは25歳の時です。その後、スクールに通ったり、多読をしたりと、数々の学習方法に取り組みました。27歳の時にはサンフランシスコに留学し、ホームステイをしながら語学学校にも通いました。学校では、日本にいればできない体験や出会いをすることができたとは思いますが、実際に英語力アップの直接の助けになったのは、自分で取り組むトレーニングやホストファミリーの子どもたちと話すことでした。基本的に英語学習

者にとって、特に最初の頃はネイティブの話す英語は速いと感じがちです。でも子どもたちの英語は短いセンテンスなので、理解しやすく、また頭の中で日本語に変換してしまっても、ある程度ついていくことができました。しかも彼らの話す英語には、テキストには載っていない、私の知らない言い回しがたくさんあったのです。

　数年後、結婚した私は子どもを連れて、海外に引っ越しをすることになりました。当時、息子は8歳。英語の知識はほとんどなく、まさにぶっつけ本番の英語圏での暮らしです。最初は英語だけの生活に戸惑っていたものの、少しずつ周りの子どもたちの真似をしながら、英語らしきものが口から出るようになってきました。最初に彼の口から出てきた言葉はこういったものでした。

Mine!(僕のだよ！)

I'm first!(僕が先だよ)

I'm done.(終わったよ)

Broken!(壊れちゃった)

Thank you.(ありがとう)

Good!(いいね！)

シンプルだけど伝えなくてはならない、自分の意思をギュッと詰め込んだ、生きている英語です。どんどん新しい言葉を獲得し、そして使いまわす彼を見ているうちに、私は自分が留学した時のことを思い出しました。「そんな言い方あるんだ！」「それって文法あってないんじゃないの？」など、彼の英語を聞くことで当時感じたことを追体験したのです。彼の英語は、もちろんテスト用のテキストには載っていない英語です。文法的には正しくない言い方だってあるかもしれません。でもまったく文法の知識もない彼が英語という言葉を獲得していく様を見て、改めて英語というのは「学ぶもの」ではなく「コミュニケーション」のツールなのだということを認識することができました。

　日本では真面目な人ほど、どうしても「間違っているのではないか？」「正しい言い方なのか」ということを先に考えてしまいがちです。「TOEIC満点」のような肩書きばかりが重要視されたり、正しい英語であるべきという考えに囚われてしまい、**失敗を恐れて話せなかったり、チャンスを失ったりしてしまうのは本当にもったいないことです。**英語は誰かにアピールしたり、自慢するためのアイテムではありません。

私たちが子どもの時には、周りの大人が話している日本語を真似して、2語、3語の言葉からスタートしました。

　少ない語彙でもなんとか伝えようとし、伝わればお互いに喜びを感じました。それが言葉を使える喜びだと思います。

　この本では、私が留学した時に耳で聞いたもの、子どもたちが使っているフレーズを集め、ネイティブスピーカーの協力のもと、レベル別に収録しました。といっても、決して「子どもっぽい」フレーズではありません。大人も使うことができる汎用性の高いフレーズばかりです。

　まずは、肩の力を抜いてトライしてみましょう。この本を通じて、英語でコミュニケーションできる喜び、楽しさをみなさんに感じてもらえたら、とても嬉しいです。

CONTENTS

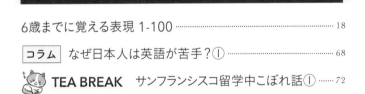

PART 1 | 6歳までに覚える表現

PART **2** | 12歳までに覚える表現

PART **3** | ティーンまでに覚える表現

子どもが覚える順で身につける

　私たちはみんな当然のように言葉を話し、生活しています。しかし、どのようにして言葉を話せるようになったのか、不思議に思ったことはありませんか？　英語を学習し、悪戦苦闘する中で、言葉を覚える過程について考える人も、少なくありません。

　当然のことながら赤ちゃんは言葉も知らず、話すこともできません。まずは「喃語」と言われる「あーあー」のような音を出すようになり、少しずつものの名前を自分の欲求と合わせるように覚えていきます。もちろん私たちも、単語→１語文→３語文とステップアップして、言葉を覚えていきました。最初は語彙数も限られていますし、長い文章を話すことはできません。それでもよく使う言葉を覚え、短い文を駆使し、コミュニケーションをしながらどんどん上達していったのです。

　第二言語としての英語も、まさに同じです。今はまだ語彙数も限られていて、長い文章も話せないとしても、**よく使う言葉を覚えて使い回すことで、コミュニケーションをすることはできます。また、その会話を通してさらにステップアップすることだってできる**のです。

下記の会話を見てみましょう。

会話A

Teacher : **Who did that ?** （誰がやったの？）

Ken : **I didn't!** （やってない！）

Student A : **I saw you did.** （やってたの、僕見たもん）

Ken : **But it's not my fault.** （でも、僕のせいじゃないよ！）

会話B

Mom : **Did you brush your teeth?** （歯磨きした？）

Ken : **I will, mom.** （ママ、今やるよ）

Mom : **Hey, did you do that?** （ねえ、歯磨きしたんでしょうね？）

Ken : **Ah, I'll do it right now!** （あー今すぐやるって）

　実際に日常でありそうな場面の会話ですね。簡単で短い
フレーズばかりです。

　実際に自分の生活を振り返ってみると、こんな風に短い
フレーズで会話をすることも多いのではないでしょうか。
誰かと会話をする時、何かをお願いする時、シンプルな会
話を積み重ねていくこともあるでしょう。英語の場合も同
じようにイメージしてください。特に初心者の時は、短く
てシンプルな言い方を使った方が、会話のテンポがスムー
ズです。そのような会話をたくさん体験することで、発音
や使い方を覚え、少しずつ新しい言葉も増やしていきま
す。まさに子どもが言葉を獲得する道をもう一度なぞるイ

メージです。

　例えば英語の特徴のひとつとして **「結論を先に言うこと」** があります。

　日本語の場合は、具体的なことを話した後に、結論を言って話を締めくくります。ですから、相手の反応を見ながら結論を変えてしまうこともできますね。でも **英語の場合は「誰が」の後に「どうした」という結論を言います。**

　日本人にとっては、この順番の違いも英語を難しく感じる理由のひとつです。

　ここで下記の例文を見てください。大人と子どもの会話、3歳くらいの小さな子どもと話している場面です。

> 子ども：**あのね、私ね、あげちゃったの。**
> ママ　：**誰にあげたの？**
> 子ども：**みーちゃんに。**
> ママ　：**何をあげたの？**
> 子ども：**大事なもの。**

　小さい子どもは長い文章で話すことが難しいので、最初はこんな風に話します。

　何か気づいたことはありませんか？　注目してほしいのは語順です。「私ね、あげちゃったの」→Ｓ（主語）＋Ｖ（述語）の形になっています。続いて、「誰に」「何を」と説明

する流れは、まさに英語のよう。日本語だと若干、言葉足らずに聞こえる小さな子どもの話し方ですが、真似したい英会話の考え方そのものです。

　結論を先に話し、後から肉付けをする。大人の場合は、わかっていても、スムーズにはいかないかもしれません。なぜなら大人の場合は、すでにある多くの知識が雑音になってしまったり、日常の生活の中で学習のモチベーションを保ち続けることが難しいからです。とはいえ、**頭の中の日本語をそのまま英語にすることは無理があるのも事実**。「英語脳」という言葉からもわかるように、英語は英語で考えないと最終的にはスムーズに会話をするのは難しくなります。

　ですから、まずは小さな子どもが話すようなイメージで英語を組み立ててみてください。バラバラにして、語順を意識する……**「小さい子どもが話すように」です。これが、英語脳でない学習者が英語をスムーズに話すためのイメージであり、コツ**でもあります。

本書の使い方

　この本では、子どもたちが少しずつ長いフレーズを話していく過程をイメージして、「簡単→難しい」の順番でフレーズを収録しています。

　まずは本書を一読してみましょう。本書にはフレーズだけではなく、英語表現の理解を助けるひとこと解説や、合間の読み物も収録しています。また、実際にそのフレーズをどういった場面で使うのかや、一緒に覚えておくと便利な表現なども紹介しています。しっかり読み込めば、収録している表現をより理解し、使い回すことができるようになります。

　通して読んだ後は、本を見ながらYouTubeで音声を聞いてみてください。お手本の音声は、自分の頭で読み上げていた発音と違っている場合もあるかもしれません。あせらずに何度もじっくり聞いて、そして音声の真似をしてみてください。聞いた通りに発音することは、実際にやってみると、想像よりも難しいものです。それでも何度も繰り返すうちに、だんだんと耳や口が慣れてきます。

正しい発音を覚えることは、リスニングやスピーキングの上達へとつながります。**発音は私たちが考えているよりも、英語学習をする上でもコミュニケーションする上でも大事なポイント**です。

　音声の英語が完全に聞き取れるようになるまで、何度も繰り返し聞きます。最終的には本を見なくても、聞き取ることができるようになるのが目標です。

　さらに、この音声と本を使って、シャドーイング、ディクテーションなどの学習をすることも可能です。ぜひ自分の好みの学習方法で本と音声を使いこなし、英会話に必要な表現をマスターしてください。

学 習 手 順

STEP1 読む
ひととおり本を読んでみてください。

フレーズは「簡単 → 難しい」の順番になっています。自分は今どれくらいのものが理解できるのか？　自分のレベルをしっかりと把握します。

STEP2 聞く
YouTube、ポッドキャストを使って音声を聞きます。

1 お手本の音声を聞く。
2 動画の誘導にしたがって、言ってみる。
自分の好みに合わせた学習方法も使いながら、フレーズと音声を完全に理解できるようになるまで、何度もリピートします。

STEP3 使ってみる
覚えた表現を実際に使ってみましょう。

覚えた表現を実際に使ってみましょう。英会話カフェ、オンライン英会話、アプリなど。探せば英語を話せる環境はいくらでも見つけることができます。勇気を出して飛び込んでみれば、きっと新たな世界が開けるでしょう。

YouTube・音声にアクセスする方法

手順1
お使いのスマホで2次元コードを読みとります
(パソコンからは、下のURLからアクセス)

手順2
リンクされたページにある、YouTubeまたはポッドキャストをタップ/クリックします

https://eigodemanbu.com/nativephrases300/

YouTubeのトラックナンバーとリンクしています。
該当ページの例文・日本語訳を聞くことができます。

フレーズ

メインフレーズとその
日本語訳です。

こんな時に

どんな場面で使うフレーズか
がわかる会話例です。

---

10 **Can I have this?**
これをもらえますか?

\ こんな時に /

A：**What can I get for you?**
ご注文は何になさいますか?

B：**Can I have this?**
（指差して）これをください。

> 指差しすれば**Can I?**だけでも
> コミュニケーションできます

⊂⊃ 一緒に覚えよう!

Can I have your opinion?
意見を聞かせてもらえますか?

💡 ひとこと解説 | I want some. と同じ意味です。Can I を使った方が
丁寧に聞こえます。

一緒に覚えよう!

メインフレーズと一緒に覚える
と効果的なフレーズです。

ひとこと解説

さらに理解度をアップさせ
るための解説です。

日本に住んでいると英語を話すチャンスは、自分で作らない限りありません。それなら街で旅行している外国人がいれば、あなたから声をかけてみませんか。海外へ行ったことがある人ならわかると思いますが、慣れない土地で声をかけてくれる現地の人の親切は、本当にありがたいものです。ちょっとしたきっかけや勇気が、かけがえのない出会いになったり……。そんな場面に自分がいるのかもしれないと想像したら、ワクワクしませんか？

　もちろんシャイな人なら、他の方法でも構いません。
　オンライン英会話、アプリ、AIなどオンラインでも英語を話すチャンスは作ることができます。
　いろんな場面で、英語を使ってコミュニケーションできる喜びを、ぜひみなさんも感じてください。

さあ、肩の力を抜いて、スタートしましょう！

PART

1

6歳までに
覚える表現

ネイティブの子どもたちも、まず口にしはじめるのは
1語や2語の短いフレーズ。接する相手も家族など
にかぎられていて、親や大人にかけられる言葉を自
然に覚えていきます。また「あれがしたい」「これは
イヤ」といった、直接的に感情をあらわすフレーズ
が多いのも特徴です。

1 Here.

はい、どうぞ。

\ こんな時に /

A : Can you <u>pass</u> me the salt?
塩を取ってくれますか？

B : Here.
はい、どうぞ。

> **pass**には「経つ」
> 「過ぎる」など複数の
> 意味がありますが、こ
> の場合は「渡す」です

∞ 一緒に覚えよう！

Here you are.
はい、どうぞ。(少し丁寧)

💡 ひとこと解説 │ 「ここへ」という意味で覚えている人も多い品詞です が、人に何かを手渡す時にも使います。

---

2 Can I try?

やってみていい？

\ こんな時に /

A : I can do it by myself. Can I try?
ひとりでできるよ。やってみていい？

B : Go ahead.
いいよ。

> 状況により日本語訳は
> 変わります

∞ 一緒に覚えよう！

Can I have a look around?
ちょっと見て回っていいですか？

💡 ひとこと解説 │ 後ろの動詞を入れ替えて「許可・承認」の疑問文を作 ることができます。指さしジェスチャーでCan I...? と することも可能。

18

3　Not yet.

まだです。

 \ こんな時に /

A : Are you ready?
準備できた？

B : Not yet. Wait a <u>minute</u>.
まだ。もうちょっと待って。

> **moment,second**なども
> 同様に使えます

☞ 一緒に覚えよう！

I'm working on it.
今やってます。

💡 ひとこと解説　｜｜「not 動詞 yet.」の省略形。「終わってないけど、やってます」という言い訳の時にも。

4　Take care.

気をつけて。

\ こんな時に /

A : See you <u>next time</u>!
ではまた！

> **then**（その時に）**tomorrow**（明日）
> など状況によって使い分けます

B : Take care!
気をつけてね。

☞ 一緒に覚えよう！

Talk to you later!
またあとでね。

💡 ひとこと解説　｜｜気軽な別れの挨拶。「いってらっしゃい、気をつけてね」と出かける家族に声かけするようなイメージです。

5

Sure.

いいよ。

\ こんな時に /

A : Do you want to come with us?
一緒に行かない？

B : Sure! I wanna go.
もちろん！行きたい。

🔗 一緒に覚えよう！

Certainly.
もちろんです。

 ひとこと解説 | Yes! ももちろん同様の意味です。Sure thing. とすると グッとカジュアルなニュアンスになります。

6

Enjoy!

楽しんで！

\ こんな時に /

A : Is that everything? Enjoy!
料理は揃いましたか？ 楽しんで！

B : Thank you.
ありがとう。

🔗 一緒に覚えよう！

Enjoy your day!
今日楽しんでね。

ひとこと解説 | レストランで料理が運ばれてきた時などに。日常的には同じ意味のHave fun! と使うことも多いです。

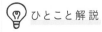

7 Let's not.

やめようよ。

＼こんな時に／

A : Should we go there right now?
今すぐ行った方がいいかな？

B : Let's not.
やめておこうよ。

 一緒に覚えよう！

Let's not push ourselves.
無理しないでおこう。

ひとこと解説 ┃ Let'sはLet usの短縮形なのでLet's notは「〜しないでおこう」という意味になります。

8 I'm good.

元気だよ。

＼こんな時に／

A : Hi, good morning. How's it going?
おはよう。調子はどう？

B : I'm good, thanks.
元気だよ、ありがとう。

 一緒に覚えよう！

I'm exhausted!
くたくただ。

ひとこと解説 ┃ How are you? の返事でおなじみ。「I'm＋形容詞」で今の状態や気持ちを伝えます。

Right?

だよね？

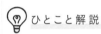

A: You are here to get the key, <u>right?</u>

鍵を取りに来たってことだよね？

この場合は**right**（右側）の意味ではありません

B: Right.

そうです。

🔗 一緒に覚えよう！

Is that right?

そうなの？

💡 ひとこと解説 ‖ 何かを確認したい時、わざわざ疑問文にせずとも、right? と最後に付け加えることで疑問文にできます。

Can I have this?

これをもらえますか？

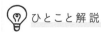

A: What can I get for you?

ご注文は何になさいますか？

B: <u>Can I have this?</u>

（指差して）これをください。

指差しすれば**Can I ?** だけでもコミュニケーションできます

🔗 一緒に覚えよう！

Can I have your opinion?

意見を聞かせてもらえますか？

💡 ひとこと解説 ‖ I want some. と同じ意味です。Can I を使った方が丁寧に聞こえます。

11 Which one?

どっち？

A：Which one? This one or that one?
どっちにする？ これ？ それともあっち？

B：This one!
こっち！

🔗 一緒に覚えよう！

Which one do you like better?
どっちが好きですか？

 ひとこと解説 ｜｜「どっちにする？」という質問のフレーズ。すでに選択肢を知っていたり、見ることができる場合に使えるショートバージョンです。

12 Good morning.

おはよう。

A：Good morning! How are you?
おはよう！ 調子はどう？

B：Great! And you?
いいですよ！ あなたは？

🔗 一緒に覚えよう！

Good to see you again.
また会ったね。

 ひとこと解説 ｜｜ごぞんじ定番の朝の挨拶。後ろに名前や、調子を聞くフレーズを入れて、気持ちよく1日をスタートします。

13 I like it.

それいいですね。

\ こんな時に /

A : How about my hairstyle today?
今日の髪型どうかな？

B : Yeah, I like it.
うん、いいと思うよ。

> 「すごくいい」と思うなら
> **love**を使っても**OK**

🔗 一緒に覚えよう！

I like it better.
そっちの方がいいね。

💡 ひとこと解説 ┃┃ I like it. のitはそれまでの会話の内容、視覚的なものの代名詞となります。状況により日本語訳も多様です。

---

14 What's that?

それって何？

\ こんな時に /

A : I loved playing tag when I was a child.
子供の頃はTAG（鬼ゴッコ）が好きだったんだ。

B : What's that?
それって何？

🔗 一緒に覚えよう！

Hey, what are you up to?
ねえ、何しているの？

💡 ひとこと解説 ┃┃ 理解できない、わからないものを尋ねる表現。thatとすることで、何を聞いているのか対象が特定されます。

15

I got it.

わかった。

A : Do you understand the document?

この書類の内容はわかりましたか？

B : Yeah, I got it.

はい、わかりました。

🔗 一緒に覚えよう！

Makes sense.

わかりました。

💡 ひとこと解説 ｜ 相手が言ったことを「理解できた」と言う時のフレーズ。I understand. と同様の意味です。

16

Go on.

続けて。

\ こんな時に /

A : I guess it is a long story.

長い話になると思うんだけど。

B : Go on, tell me what happened.

続けて。何があったのか聞かせてほしい。

🔗 一緒に覚えよう！

Don't stop, carry on.

やめないで、続けて。

💡 ひとこと解説 ｜ go onはネイティブが日常的に使う句動詞と言われるものです。「Continue（続く）」と同様の意味です。

17 Sounds good!

よさそうだね。

A : Do you want to go shopping with me?
一緒に買い物に行かない？

B : Sounds good!
よさそうだね。

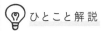

Sounds easy.
簡単そうだね。

💡 ひとこと解説 | 「sound+形容詞」で「〜のようだ」という意味になります。Sounds good! は同意を表す意味で使うことが多いです。

---

18 Good for you.

よかったね！

A : Mommy, I passed the exam!
ママ、試験に受かったよ。

B : Wow! Good for you.
まあ！ よかったね！

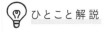

That's really nice.
本当によかった。

💡 ひとこと解説 | 何か良い知らせを聞いた時に使います。Good news! のような言い方も一般的です。

19 Check it out.

調べてみて。

**A : You can see more information on the website.
Check it out.**
詳しい情報はウェブで見れますよ。チェックしてみてください。

B : Okay. I will.
わかりました。見てみます。

🔗 一緒に覚えよう!

I'll take a look at that later.
あとで見てみるね。

💡 ひとこと解説 ｜｜ Check it out. はすでに「チェキラ」という日本語にもなっていますね。「チェックしてみて」という意味です。

20 Never mind.

気にしないで。

\ こんな時に /

A : I'm sorry I lost your book.
ごめんなさい、あなたの本なくしちゃったの。

B : Never mind, I can easily buy another one.
気にしないで、新しいの買えるから。

🔗 一緒に覚えよう!

Keep it in your mind.
忘れないでね。

💡 ひとこと解説 ｜｜ 大したことではない、という意味です。Don't worry. も同じように使うことができます。

21 Go ahead.

どうぞ。

＼ こんな時に ／

A : Do you mind if I sit here?
ここに座ってもいい？

B : Sure. Go ahead.
もちろん。どうぞ。

「いいですよ」は「**Yes**」
ではなく「**No**」です

🔗 一緒に覚えよう！

Go ahead and say it.
どうぞおっしゃってください。

💡 ひとこと解説 ｜｜ 許可を求められた時に「どうぞ」と伝えます。また文字通り、前に進んでほしい時にも使います。

---

22 Almost!

おしい！／あと少し。

＼ こんな時に ／

A : Mommy, I'm bored. Are we there yet?
ママ退屈だよ。もう着く？

B : Almost!
もう少しだよ。

🔗 一緒に覚えよう！

So close!
おしい！

💡 ひとこと解説 ｜｜ 距離や、感覚的なものを含めた「ほぼ」「あとちょっと」という意味です。

23

My bad.

ごめん。

＼ こんな時に ／

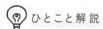

A: **Hey, you brought the wrong book.**
ねえ、違う本を持っていったよ。

B: **Okay, my bad.**
そうか、ごめん。

🔗 一緒に覚えよう！

My apologies.
申し訳ありません。

💡 ひとこと解説 ｜｜ 「悪いね」のような軽いニュアンス。フォーマルではない口語的表現です。

24

Oops.

おっと。

＼ こんな時に ／

A: **Oops! I typed it wrong by mistake.**
おっと！ タイピングをミスした。

B: **Should we take a break now?**
そろそろ休憩しましょうか。

🔗 一緒に覚えよう！

Excuse me.
ちょっと失礼。

 ひとこと解説 ｜｜ 日本語の「おっと！」のような感じです。驚いた時、間違えてしまった時に、子供も大人もよく使います。

25 ⟩ See you later.

またね。

\ こんな時に /

A : Ok, see you later.
じゃあまた。

> 「あとで」という意味

B : Yeah, I'll see you tomorrow.
ああ、また明日。

🔗 一緒に覚えよう！

See you Monday.
また月曜日に。

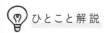 ひとこと解説 | later の部分を tomorrow, next morning, then などに変えて使うことができます。

---

26 ⟩ I'm home!

ただいま！

\ こんな時に /

A : I'm home!
ただいま！

B : How was your day?
今日はどうだった？

🔗 一緒に覚えよう！

I'm off.
いってきます。

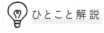 ひとこと解説 | 日本語の「ただいま」にあたります。「いってきます」は I'm off. になります。

27 What's wrong?

どうしたの？

A : Oh, dear. You look terrible. What's wrong?
まあ、ひどい顔して。いったいどうしたの？

B : A friend of mine hit me.
お友達が叩いたんだ。

🔗 一緒に覚えよう！

Is everything alright?
どうしたの？

💡 ひとこと解説 | What's the matter? も同じ意味で使います。「大丈夫？どうしたの？」と気遣うニュアンスです。

---

28 I can't wait!

待ちきれない！

\ こんな時に /

A : Your birthday is coming soon, isn't it?
もうすぐ誕生日じゃない？

B : Yeah, I can't wait!
うん、待ちきれないよ！

🔗 一緒に覚えよう！

I can't wait for the concert!
ライブが待ちきれないよ！

 ひとこと解説 | ワクワクを伝える表現。I'm really excited! も同じような意味です。

29

No way!

まさか！

＼ こんな時に ／

A : She's just broken up with her boyfriend.
　彼女、彼氏と別れたんだって。

B : No way!
　まさかー！

🔗 一緒に覚えよう！

Oh, you're kidding me.
えー、冗談でしょう？

💡 ひとこと解説 ┃┃ 「まさか！」の他にも「ありえない！」「うっそー！」などの日本語訳にできます。

30

Are you sure?

本当？

＼ こんな時に ／

A : No more dessert for me, thank you.
　もうデザートは無理です。

B : Are you sure?
　え、ほんとですか？

🔗 一緒に覚えよう！

Are you sure about that?
本当にそれでいいの？

💡 ひとこと解説 ┃┃ 「疑いなく、確か」という意味。フレーズはもちろんですが、話す時の口調、言い方も重要です。

31

I can tell.

わかるよ。

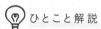
\ こんな時に /

A : Can you tell the difference?
違いわかりますか？

B : Yes, I can tell.
うん、わかるよ。

🔗 一緒に覚えよう！

I can't tell the difference.
違いがわからない。

💡 ひとこと解説 | 「わかる、気づく」のtellです。Tell me about it.（わかるよ）という相槌表現もあります。

32

Watch out!

気をつけて！

\ こんな時に /

A : I'm off to the convenience store.
コンビニに行ってくる。

B : Watch out for cars.
車に気をつけて。

🔗 一緒に覚えよう！

Watch your mouth.
言葉遣いに気をつけて。

 ひとこと解説 | 「よく見てね」という意味。Watch out...の後ろに名詞を加えて、色々な場面での注意を促すことができます。

33

Trust me.

任せて。

\ こんな時に /

A : I'm not good at reading maps.
地図が苦手なんだよね。

B : Trust me. I'm good with maps.
任せて。地図は得意だから。

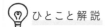 一緒に覚えよう!

Trust me. I'm from around here.
大丈夫。この辺の出身だから。

ひとこと解説 | 「信頼して＝私に任せて」というニュアンスです。
Believe me. も同様の意味で使うことができます。

34

Let me try.

やってみるよ。

\ こんな時に /

A : I can't solve this question!
この問題解けないよ!

B : Hey, let me try.
ちょっとやってみるよ。

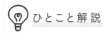 一緒に覚えよう!

Let me think about it.
ちょっと考えさせて。

ひとこと解説 | Let me＋動詞で「～させて」と色々な表現が可能です。よく使われるLet's...のLet'sはLet us...を短縮した形です。

35

I'm not sure.

ちょっとわからないな。

\ こんな時に /

A : Do you know when he will come?
彼がいつ来るのか知ってる？

B : I'm not sure.
ちょっとわからない。

ⒼⒹ 一緒に覚えよう！

I'm not sure how to explain it.
どう説明していいかわからない。

💡 ひとこと解説 ║ 「確かじゃない＝わからない」というニュアンスです。I don't know. は「知らない」というキッパリしたニュアンスです。

36

Tell me too.

私にも教えて。

\ こんな時に /

A : I told her yesterday.
昨日、彼女に話したんだけどさ。

B : What are you talking about? Tell me too.
何の話？ 私にも教えて。

ⒼⒹ 一緒に覚えよう！

That's what I want to know!
それはこっちが知りたいよ。

💡 ひとこと解説 ║ Can you tell me, too? を省略した形です。会話のリズム的に短い方がいい場合は、このような言い方ができます。

37

Just a little.

少しだけ。

\ こんな時に /

A : How much do you want?
どのくらい欲しいの？

> 数えられないものに
> 対しての表現

B : Just a little.
ちょっとだけでいいよ。

 一緒に覚えよう！

Can I have a bite?
一口もらってもいい？

💡 ひとこと解説 ｜｜ Justが入ることで「ほんの少し」と「少し」を強調します。A little bit. でも同じ意味合いになります。

38

Perfect!

バッチリだね！

\ こんな時に /

A : I finished all the homework!
宿題は全部終わったよ！

B : Perfect!
バッチリだね！

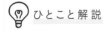 一緒に覚えよう！

Super!
最高だね！

💡 ひとこと解説 ｜｜ Exellent! など他にも似た意味で使うことができるフレーズがあります。

39

Are you ready?

準備できた？

\ こんな時に /

A : Okay, we <u>gotta</u> go. Are you ready?
さあ、そろそろ行くよ。準備はできた？

> **have got to**の
> 省略形

B : Yes, I'm ready.
うん、準備万端。

🔗 一緒に覚えよう！

Anytime is fine!
いつでもいいよ。

💡 ひとこと解説 ｜ 「prepare＝準備する」ですが、日常的にはGet ready.（準備して）のようにreadyを使うことが多いです。

40

What happened?

どうしたんですか？

\ こんな時に /

A : What happened to Ken?
いったいケンに何があったの？

B : I don't know, but I thought he would be here by now.
わからない。てっきりもう着いてると思ってた。

🔗 一緒に覚えよう！

Is everything okay?
すべて順調ですか？

💡 ひとこと解説 ｜ 起こった出来事に対して使います。What's wrong? とは違い、悪いことだけでなく良いことに対しても使える疑問文です。

41 Do I have to?

やらなきゃダメなの？

\ こんな時に /

A : Gee, many dishes to wash. Do I have to?
うわー、洗い物がいっぱい。やらなきゃだめ？

B : That's because you said you would.
だって自分がやるって言ったんでしょ。

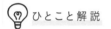 一緒に覚えよう！

Do I need to do it?
何をすればいい？

ひとこと解説 | 相手に質問する場合はDo you think I have to? の方が丁寧です。間接的な質問にすることでより丁寧になります。

---

42 It's gonna be OK!

全然大丈夫だよ！

\ こんな時に /

A : I'm worried about the math test.
算数のテストが心配なんだよね。

B : It's gonna be OK!
きっと大丈夫だよ！

going to の省略形

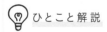 一緒に覚えよう！

What are you gonna do?
あなたはどうしますか？

ひとこと解説 | 自分自身のことではなく、何か悪そうな状況に対して「よくなるよ」とポジティブに発言する表現です。

43 You decide.

あなたが決めてよ。

\ こんな時に /

A: **Do you prefer Chinese food or Italian?**
中華とイタリアンどっちがいい?

B: **Well...you decide.**
うーん、あなたに任せるよ。

🔗 一緒に覚えよう!

Can I leave it to you?
任せてもいいかな?

💡 ひとこと解説

相手に決定してほしい時に使います。ビジネスの場面ではIt depends on you. も同じような意味で使います。

---

44 I forgot!

忘れちゃった。

\ こんな時に /

A: **Can you show me the notebook?**
ノートを見せてください。

B: **I forgot it!**
忘れちゃった!

🔗 一緒に覚えよう!

I know it. It's on the tip of my tongue.
あれだよ。もう少しで思い出せそうなんだけど。

💡 ひとこと解説

何かを置き忘れた時にはI left my bag.(バッグを忘れた)のような言い方も。また、It slipped my mind.(うっかり忘れてた)のような表現もあります。

45 Please don't.
やめて。

\ こんな時に /

A: Hey, please don't.
やめて。

B: Sorry. I didn't mean to <u>offend you.</u>
ごめん。怒らせるつもりはなかったんだ。

> 君を怒らせる

∞ 一緒に覚えよう!

Please don't rush me.
せかさないで。

ひとこと解説 | 今している行為をやめてほしい時に使う表現です。もちろんStop it. でも同じように使えます。

---

46 I'm so excited!
とても興奮しています!

\ こんな時に /

A: The holiday season has started, hasn't it?
ホリデーシーズンが始まったね。

B: Yeah, I'm so excited!
ああ、すごく楽しみだよ!

∞ 一緒に覚えよう!

I'm so impressed!
感動しました!

ひとこと解説 | 人が主語の場合はexcited. 映画、本などの物にはexciting. The movie was exciting!(映画は刺激的だった)となります。

47

My stomach hurts.

お腹が痛い。

\ こんな時に /

A : What's wrong with you?
いったいどうしたの？

B : My stomach hurts.
お腹が痛いよ。

⊂⊃ 一緒に覚えよう！

Show me where it hurts.
どこが痛いか見せて。

💡 ひとこと解説 ┃ hurtは感情的な表現です。痛みについてフォーカスする時はpainやacheを使います。

48

Is that so?

そうなの？

\ こんな時に /

A : There's a difference of eight years between them.
彼らは8歳の歳の差があるらしいよ。

B : Is that so?
そうなの？

⊂⊃ 一緒に覚えよう！

Is it true?
ほんとう？

💡 ひとこと解説 ┃ 相槌表現としては、前の話により変わりますが、Isn't it?(そうなの？)という表現もあります。

49

I'm so jealous.

いいなあ。

A: I'll go to Disneyland tomorrow.
明日ディズニーに行くんだ。

B: Oh, yeah? I'm so jealous.
そうなの? いいなあ。

🔗 一緒に覚えよう!

Lucky you!
ラッキーだね。／いいなあ。

💡 ひとこと解説 | 一般的な意味での「いいなあ、羨ましい」という表現です。

50

How was your day?

今日はどうだった?

A: How was your day?
今日はどうだった?

B: Not bad, but extremely <u>exhausting</u>.
まあまあだったけど、すごく疲れちゃった。

> クタクタというニュアンス

🔗 一緒に覚えよう!

How was the movie you watched yesterday?
昨日観た映画、どうだった?

💡 ひとこと解説 | How was...? で「〜はどうでしたか?」と感想を聞くことができる便利フレーズです。

51 ▷ I wonder why.

何でだろう。

A : My phone doesn't work here.
ここだと電話が繋がらないなぁ。

B : Yes. I wonder <u>why</u>.
うん。何でだろう？

> **who, what**など他の
> 疑問詞でもよく使います

🔗 一緒に覚えよう！

I wonder if that's true.
本当かなあ。

💡 ひとこと解説 ｜｜ 後ろに5W1H＋主語＋動詞を入れることで「〜だろう、〜かな」というニュアンスになります。

52 ▷ Keep it a secret.

秘密にしてね。

A : Can you keep it a secret?
秘密にしてね。

B : Okay, I can keep it a secret.
わかった、秘密にするよ。

🔗 一緒に覚えよう！

Don't tell anyone.
誰にも言わないでね。

💡 ひとこと解説 ｜｜ 「keep＝保つ、保持する」→keep a secret.（秘密にしてね）という日本語訳になります。

53 What a pain!

面倒だな。

\ こんな時に /

A: Clean your room right now.
部屋を、今すぐ綺麗にしなさい。

B: What a pain!
面倒だな。

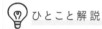

I'm not in the mood.
気分じゃないんだよ。

💡 ひとこと解説 | ここでのpainは痛みではなく、比喩的に「苦労、面倒なこと」の意味です。

---

54 I guess so.

たぶんそうだと思う。

\ こんな時に /

A: I guess she is coming today.
彼女今日は来るみたい。

B: I guess so.
そうだろうね。

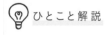

Could be.
そうかもしれないね。

💡 ひとこと解説 | guessはthinkよりも確信がないニュアンスです。Guess what?（なんだと思う？）という表現もよく使います。

55

I'll take it.

これをください。

\ こんな時に /

A : It looks good on you!
　すごくお似合いですよ！

B : I'll take it.
　じゃあ、これください。

> Can I get it? も
> 同様に使えます

 一緒に覚えよう！

I want to try this on.
試着をしてみたいんですが。

💡 ひとこと解説 || takeには色々な使い方があります。この場合のtakeはhaveやgetに置き換えることが可能です。

56

I'll show you.

見せてあげる。

\ こんな時に /

A : Oh, that is very complicated.
　うわー、ずいぶん複雑なんだね。

B : Not so much. I'll show you.
　そうでもないよ。見せてあげる。

 一緒に覚えよう！

Follow me.
ついてきて。

💡 ひとこと解説 || 誰かを道案内する時、実際にものを見せる時などに使います。

What do you think?

どう思う？

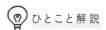

A : I think it's a good idea. What do you think?
わたしはいいアイデアだと思います。あなたはどう思いますか？

B : I agree. Nice idea.
私もいい考えだと思う。

🔗 一緒に覚えよう！

What did you think about that movie?
あの映画どうだった？

💡 ひとこと解説 ┃ 意見を聞く時に使う表現です。aboutやofをつけて「～についてどう思う？」という言い方も可能です。

I didn't know that!

知らなかったよ！

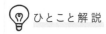

A : She loves that <u>kind of</u> thing.
彼女はそういう感じの好きなんだよ。

> そんな感じの

B : Oh, yeah? I didn't know that!
そうなの？ 知らなかったよ！

🔗 一緒に覚えよう！

Have you heard of it?
聞いたことあるかな？

💡 ひとこと解説 ┃ I did notなので「～だった」という過去形です。+knowで「知らなかった」という意味になります。

59 How often?

どのくらいの頻度で？

\ こんな時に /

A : How often do you take a walk in the park?
どのくらいの頻度で公園を散歩するの？

B : Let's see, once a week or more.
週に1回以上は行ってるかな。

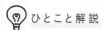 一緒に覚えよう！

How many times?
何回？

💡 ひとこと解説 ‖ 数えられるものに対しては、How many times? となります。

60 I knew it.

やっぱりね。

\ こんな時に /

A : Ken and Risa broke up last week.
ケンとリサは先週別れたんだって。

B : I knew it. They looked a bit different than usual.
やっぱりね。なんかいつもと違ってたよ。

 一緒に覚えよう！

I thought so.
そうだと思った。

💡 ひとこと解説 ‖ 「知ってたよ＝やっぱりね」というイメージ。
I know it.（現在形）だと少しニュアンスが変わります。

Why's that?

どうして？

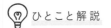

A : Why's that?
なぜですか。

B : Because I don't want to do that.
だってそんなことしたくないから。

🔗 一緒に覚えよう！

How come?
どうしてなの？

💡 ひとこと解説 || Whyだけでも、前の会話の内容を双方が理解できていれば使うことができます。何を省略するかは会話の流れによります。

62

Take your time.

ゆっくりでいいよ。

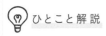

A : Give me a few minutes to get ready.
準備するので少し待ってください。

B : Take your time.
ゆっくりどうぞ。

🔗 一緒に覚えよう！

Take as long as you need.
ゆっくりどうぞ。

💡 ひとこと解説 || Take your time getting here. のようにして「〜をゆっくりやってね」という表現もできます。

63 It's my turn.

私の番だよ。

A: We need to rush. Whose turn is it?
急がなきゃ。次は誰の番？

B: It's my turn.
私の番ね。

⛓ 一緒に覚えよう！

Whose turn is it?
次は誰の番？

 ひとこと解説　順番はturnと言います。日本語の「交代交代で」は take turnsで表現します。

64 Is that enough?

それで足りる？

A: Is that enough? You barely ate.
それで足りる？全然食べてないじゃない。

B: It's enough. Thank you.
もう十分です。ありがとう。

⛓ 一緒に覚えよう！

Do you want a refill?
もうちょっといりますか？

 ひとこと解説　食事の場面なら、他にもI'm full.（お腹いっぱいです）と表現することもできます。

65 Thanks for your help.

手伝ってくれてありがとう。

\ こんな時に /

A : Thanks for your help. I really appreciate it.
手伝ってくれてありがとう。本当に助かりました。

B : My pleasure.
どういたしまして。

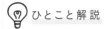 一緒に覚えよう!

Thanks to Ken, I found this document.
ケンのおかげで、この書類を発見できました。

ひとこと解説 ┃ Thanks for..., Thank you for...＝「〜をありがとう」
となります。forの後ろは名詞、動名詞です。

---

66 I have a question.

質問があります。

\ こんな時に /

A : Any questions? Anybody?
何か質問ある人はいますか? 誰か?

B : Ah, I have a question.
はい、あります。

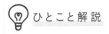 一緒に覚えよう!

Can I ask something?
ちょっと聞いてもいいですか?

ひとこと解説 ┃ Can I ask a question?(質問してもいいですか?)
のように表現することもできます。

67 **That's not fair.**

ずるいよ。

A : **I think that's not fair.**
ずるいと思う。

B : **Okay, can you tell me why?**
じゃあ理由を説明してみて。

一緒に覚えよう!

It's unfair.
ずるいよ。

ひとこと解説 | It's unfair. も同じ意味です。notやnoをつけることで、否定の意味にすることができます。

68 **It's time to wake up!**

起きる時間だよ。

A : **Are you still asleep? It's time to wake up!**
まだ寝てるの? 起きなさい。

B : **I'm still sleepy.**
まだ、眠いんだ。

> really(本当に)など
> 強調することも

一緒に覚えよう!

It's time to go!
出発するよ。

ひとこと解説 | It's time to...で「〜の時間」の意味。almost, alreadyなどを加えることでニュアンスが変化します。

69 I can't believe it!

信じられない！

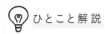

A: He lives in a foreign country now.
彼、今海外に住んでるんだって。

B: He does? I can't believe it!
彼が？ えー信じられない！

🔗 一緒に覚えよう！

So amazing!
素晴らしい！

💡 ひとこと解説 ┃┃ ポジティブな意味なら wonderful. にも置き換えられます。

---

70 I miss you.

寂しいな。

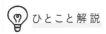

A: I miss you, mom.
ママ、寂しいよ。

B: Don't worry. I'll be back soon.
大丈夫よ。すぐに戻るからね。

🔗 一緒に覚えよう！

I'll miss you.
寂しくなるよ。

💡 ひとこと解説 ┃┃ この場合のmissは誰かの不在によって、寂しいと感じているということです。

71 | I wanna eat something.

何か食べたいな。

\ こんな時に /

A : Are you hungry?
お腹すいた？

B : Yes, I wanna eat something.
うん、何か食べたいな。

 一緒に覚えよう！

What do you wanna eat?
何が食べたい？

 ひとこと解説 | want toの省略形。欲しいものを伝えるフレーズです。発音してみるとwannaの方が発音しやすいとわかります。

72 | I'll be careful.

気をつけます。

\ こんな時に /

A : Hey, you should watch out for the steps.
ねえ、段差に気をつけて。

B : I'll be careful.
気をつけます。

 一緒に覚えよう！

Watch your health.
体に気をつけてね。

 ひとこと解説 | 何か失敗をしたあとなら、I promiseを前に入れて「気をつけることを約束します」と強調することも可能です。

73 I'll let you know.

あとで知らせるね。

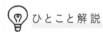 \ こんな時に /

A : I'll let you know when I get there.
着いたら、知らせます。

B : Okay, take care.
わかった。気をつけてね。

🔗 一緒に覚えよう！

Let me know if you can make it.
来られるかどうかあとで教えて。

💡 ひとこと解説 ‖ let...knowで「知らせる」という意味です。Can you let me know?（知らせてくれる？）となります。

74 I hope so.

そうだといいね。

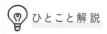 \ こんな時に /

A : Tomorrow will be better.
明日はもっといい日になるよ。

B : I hope so.
そうだといいね。

🔗 一緒に覚えよう！

I hope to see you soon.
またすぐに会いたいな。

💡 ひとこと解説 ‖ hope＝〜だといいな、という希望を伝えます。I wish...の場合は「後悔」を表す表現となります。

75

It depends.

場合によるよ。

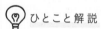
\ こんな時に /

A : Can you go out tonight?
今夜出かける？

B : It depends.
場合によるなあ。

🔗 一緒に覚えよう！

It depends on the time and the situation.
時と場合による。

💡 ひとこと解説 ‖ 即答できずに条件をつけるニュアンスです。「場合による」とは日本語でもよく使いますね。

76

I'm getting hungry.

お腹が空いてきた。

\ こんな時に /

A : I'm getting hungry.
お腹空いてきた。

B : No way! You had breakfast 30 minutes ago.
まさか。30分前に朝ごはん食べたでしょ。

🔗 一緒に覚えよう！

I'm getting used to it.
慣れてきた。

💡 ひとこと解説 ‖ 「I'm getting...＝だんだん〜なってくる」という意味です。後ろに形容詞をつけて表現できます。

77 | I can do it myself.

ひとりでできるよ。

A : Hey, do you need any help?
何か手伝おうか？

B : No, mom. I can do it myself.
大丈夫だよ、ママ。ひとりでできるよ。

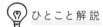 一緒に覚えよう！

I'm just talking to myself.
ただの独り言です。

💡 ひとこと解説 ｜ I can do it by myself. と言うことも可能。canでは なくwillを使っても同じような意味です。

78 | How adorable!

すっごくかわいい。

A : Look, this is my dog. She is two years old.
見て、これうちの犬。今2歳なんだ。

B : How adorable!
すっごくかわいいね。

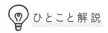 一緒に覚えよう！

I can't tell you how pleased I am.
どれだけ嬉しいか、言葉では言い表せない。

💡 ひとこと解説 ｜ cuteと同じような意味です。adorableは子供や動物 に対してよく使います。

79 Not at all.

どういたしまして。

\ こんな時に /

A : Hi, thanks for coming in again.
やあ、また来てくれてありがとう。

B : Oh, not at all.
いやあ、どういたしまして。

🔗 一緒に覚えよう!

No problem.
どういたしまして。

💡 ひとこと解説 │ この場合は「どういたしまして」という日本語訳にしました。場面によって訳は変わります。

80 You want to?

ほしい? ／ やりたい?

\ こんな時に /

A : Let's play Monopoly. You want to?
モノポリーやろう。やる?

B : Yes, I want to.
うん、やるよ。

🔗 一緒に覚えよう!

Do you want this pie hot?
パイをあたためようか?

💡 ひとこと解説 │ 欲しいのかを確認したい時に使います。「gimme＝give me(ちょうだい)」もネイティブがよく使うフレーズです。

81 Keep it up.

その調子。／頑張れ！

A: I'm sick of studying anymore.
もう勉強するのはうんざりです。

B: You are better than before. Keep it up.
前よりもずっとよくなってるよ。その調子で頑張って。

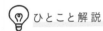
一緒に覚えよう！

Break a leg.
幸運を祈るよ。

ひとこと解説 ｜｜ 励ます場面で使います。似た表現としては有名な
Good luck.（頑張ってね）があります。

82 Come on, hurry up.

ほら、急いで！

A: Don't be in a hurry. Hey, wait a second.
急がないで。ねえ、もうちょっと待って。

B: Come on, hurry up.
もう、急いで。

> この場合は
> 「来て」ではありません

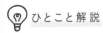
一緒に覚えよう！

Come on in.
入って。

ひとこと解説 ｜｜ Be quick! も同じ意味で使えます。子供に対しては
「どうしても」という時以外は使いたくない言葉です
が。

58

83 I'm so annoyed.

すっごくイライラする。

A : It's noisy, isn't it?
ちょっとうるさいよね?

B : Yeah, I'm so annoyed.
うん、すっごくイライラする。

一緒に覚えよう!

Is my cough annoying you?
私の咳がうるさいですか?

ひとこと解説 ┃ annoy＝イライラさせるという意味。He annoys me.(彼にイラッとする)のようにも使えます。

84 Nice to meet you.

はじめまして。

A : Hi, nice to meet you.
こんにちは。はじめまして。

B : Nice to meet you, too.
こちらこそはじめまして。

> このtooを忘れずに

一緒に覚えよう!

Nice to see you again.
また会いましたね。

ひとこと解説 ┃ おなじみの表現。Pleasure to meet you. がビジネスでも使える、より丁寧な言い方となります。

85 | It was amazing.

すごくよかった。

\ こんな時に /

A : It was amazing, wasn't it?
　すごくよかったよね？

B : Yeah, I have never seen that!
　ほんとに、あんなの見たことないよ。

⊖⊙ 一緒に覚えよう！

It was fabulous.
素晴らしいね。（おもに女性が使う言葉）

💡 ひとこと解説 ‖ wasですから、過去のことをほめる表現です。exellentやwonderfulなど他の形容詞に変えることもできます。

---

86 | Hi, how are you doing?

こんにちは、調子はどう？

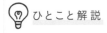
\ こんな時に /

A : Hi, how are you doing?
　こんにちは、調子はどう？

B : I'm good, maybe a little tired.
　いいよ、でもちょっと疲れてるかな。

⊖⊙ 一緒に覚えよう！

What's up?
最近どう？

💡 ひとこと解説 ‖ How are you? と同じ意味。他にもWhat's up? のようなカジュアルな表現もあります。

87

Any plans?

何か予定があるの？

\ こんな時に /

A : Any plans?
何か予定があるの？

B : I think, I <u>wanna</u> study abroad. =want to
実は留学したいと思ってるんだ。

🔗 一緒に覚えよう！

Do you have time now?
今時間ある？

 ひとこと解説 | Do you have any plans? の省略形。前の会話があった上でのこのフレーズと考えましょう。

88

Any volunteers?

誰かやってくれませんか？

\ こんな時に /

A : Any volunteers?
誰かやってくれない？

B : Sure, I can do that.
もちろん、僕がやるよ。

🔗 一緒に覚えよう！

Anybody? Come on guys!
誰かやってくれる人？ いませんか？

 ひとこと解説 | Are there any volunteers (for...) ? を省略した表現です。

89 > That's a good idea.

いい考えだね。

\ こんな時に /

A : Should we get a cup of tea?
お茶でも飲まない？

B : That's a good idea.
いい考えだね。

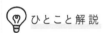 一緒に覚えよう！

You can say that again!
ほんとその通り。

💡 ひとこと解説 | That's a...の後ろをgood plan! に変えたりしてみると、表現も広がります。

90 > Have a nice weekend.

よい週末を。

\ こんな時に /

A : Thanks for shopping with us.
今日は一緒に買い物してくれて助かったよ。

B : No problem. Anyway, have a nice weekend.
どういたしまして。それよりよい週末を。

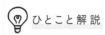 一緒に覚えよう！

May the force be with you!
幸運を！

💡 ひとこと解説 | 週末の別れ際の挨拶。平日ならHave a good day!（よい一日を）のように使うことができます。

91

I'm doing it now!

今やってるよ。

\ こんな時に /

A: Did you finish your homework?
　宿題は終わったの？

B: I'm doing it now!
　今やってるよ！

⛓ 一緒に覚えよう！

I'm on it!
今やってるよ！

💡 ひとこと解説 ┃ Not yet.（まだです）と同様、まだ終了していないことに対しての返事です。

92

What's the difference?

どこが違うの？

\ こんな時に /

A: What's the difference?
　どこが違うの？

B: I mean, the quality between these two items.
　つまりね、品質が違うんだよ。

⛓ 一緒に覚えよう！

What do you see in him?
彼のどこがいいの？

💡 ひとこと解説 ┃ ふたつの違いは、What's the difference between A and B? のように聞くことができます。

93 I told you.

だから言ったのに。

A：The dress I bought online wasn't good.
ネットで買ったワンピースがよくなかった。

B：I told you! Buying a dress online was a bad idea.
だから言ったでしょう。ネットでなんか買うべきじゃなかったのよ。

🔗 一緒に覚えよう！

I told you. You should have taken an umbrella.
だから言ったでしょう。傘を持っていくべきだって。

💡 ひとこと解説 ┃ 注意や忠告を聞かなかった相手に対して言います。日本語でも「だから言ったでしょ」と言うことがありますね。

---

94 I'll give it a try!

試してみるよ！

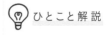

A：I think you can study at the expert level.
あなただったらエキスパートレベルで勉強できると思う。

B：I don't know if I can do it, but I'll give it a try.
できるかどうかわからないけど、やってみるよ。

🔗 一緒に覚えよう！

I will try.
やってみます。

💡 ひとこと解説 ┃ I will try. も同じ意味合いです。Give it a try.（やってみて）もよく使う表現です。

95

That's too bad.

残念だなあ。

\ こんな時に /

A: **I can't come on Friday.**
金曜日行けないんだ。

B: **That's too bad. I've already bought the tickets though, so you'll still have to pay.**
残念だけど、もうチケットは買ってあるからお金は払ってもらわないと。

🔗 一緒に覚えよう!

I think that's disappointing.
それは残念だね。

💡 ひとこと解説 || 悪いニュースや出来事があった人に対しては、That's too bad. ではなくI'm sorry. を使います。

96

That's mean.

意地悪だね。

\ こんな時に /

A: **That's mean. Stop being so mean to me!**
それは意地悪だよ。意地悪しないで。

B: **I'm sorry I didn't mean to.**
ごめん、そんなつもりじゃなかったんだ。

🔗 一緒に覚えよう!

What does it mean?
それはどういう意味ですか?

 ひとこと解説 || meanにはよく知られている「意味する(動詞)」の他にも「意地悪な(形容詞)」など複数の使い方、意味があります。

97 You can do it.

うまくいくよ。

A: I can't do this anymore.
もうこれ以上は無理。

B: I'm sure you can do it!
君なら絶対できるって。

 一緒に覚えよう！

You can make it.
あなたならできます。

ひとこと解説 ｜｜ 君ならできるというニュアンスです。You can make it. も同じように使うことができます。

98 I'll brush my teeth.

歯磨きしようっと。

A: Are you ready to go out?
出かける準備はできた？

B: Almost. I'll brush my teeth.
もうちょっと。歯磨きしてくる。

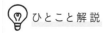 一緒に覚えよう！

I need to brush my teeth.
歯磨きしなきゃ。

ひとこと解説 ｜｜ これからやること、未来の行動に対して使うのがwill です。will＋動詞の原型になります。

99

Exactly!

その通り。／確かに。

\ こんな時に /

A: Is this what you wanted to say?
これが言いたかったの？

B: Exactly!
そうそう、その通り。

🔗 一緒に覚えよう！

You're right.
その通り。

💡 ひとこと解説 ｜｜ 「そうそう、その通り！」を表現するのがExactly! です。Absolutelyも似た意味です。

100

After you.

お先にどうぞ。

\ こんな時に /

A: Can I pour you some coffee?
コーヒー注ぎましょうか？

B: Oh no, after you.
いいえ、お先にどうぞ。

🔗 一緒に覚えよう！

He was named Ken after his grandfather.
彼は祖父にちなんでケンと名付けられました。

 ひとこと解説 ｜｜ Go ahead. （お先にどうぞ）も同じ場面で使うことができますが、ちょっとカジュアルになります。

なぜ日本人は英語が苦手?
1

「英語は難しい」
「勉強しても、ちっとも話せるようにならない」

　こんな風に感じて落ち込んでしまった経験はありません
か?　多くの日本人は、中学・高校の6年間、必修科目と
して英語を勉強しています。2020年度からは小学校高学
年でも必修授業になりました。にもかかわらず「英語がで
きる人＝すごい人」の図式は長い間ずっと変わらず、多く
の人は英語が話せないままです。それはただの印象ではな
く、実際にデータとしても日本人の英語力は低いというこ
とが証明されています。毎年発表される「英語能力指数ラ
ンキング」[注1] という国際的なランキングにおいて、日本は
毎年最下位のグループの常連です。2023年度のランキン
グでは、113カ国中のなんと87位!

　上位の国を見てみるとヨーロッパの国が多く、日本人に
とってはオンライン英会話の講師としておなじみのフィリ
ピンですら、トップ10には入っていません。

ではどうしてヨーロッパの国ばかりが、こんなに英語上級者としてトップに君臨しているのでしょうか？

　実はそれには理由があります。トップ勢のオランダ、ドイツ、デンマークは、英語と同じアルファベットを母国語でも使っているのです。

　例えば、ランキングトップの常連であるオランダの母国語はオランダ語ですが、文字はアルファベットを使用しています。それだけではありません。オランダ語には英語と似ている単語や言い回しが数多くあるのです！

　下記を見てください。

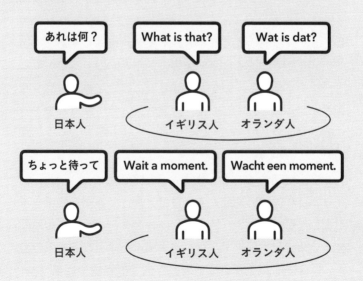

すごく似ていると思いませんか？　もちろんまったく似ていないものもありますが、こんな風に似ている言い回し、単語が数多くあります。また、歴史的、地理的な背景もあり、オランダにはオランダ人以外の人も多く住んでいることなどから、必然的に日本よりも英語に触れる機会は多くなります。

　オランダ語と英語に共通点が多い理由は、同じゲルマン系の言語がルーツにあることです。つまり、オランダ人には英語を学ばずとも、なんとなく理解できてしまうバックグラウンドがあるのです。知らない単語が出てきたら、彼らはいつも「Guess＝推測」しています。これはスペイン語圏、フランス語圏も同様です。語学学校で出会ったスペイン語圏、フランス語圏のクラスメイトは新しい英単語が出てくると、必ず「Guess＝推測」していました。実際、Guess（推測）できるものは、英語＝母国語であることが多いのです。彼らはたとえ習ったことがない言葉でもなんとなく「わかる」のです。知らない単語でも、意味を推測できてしまうというのは、学習者にとって大きなアドバンテージです。

　また、地理的なことも大きな要因のひとつと言えます。ヨーロッパは陸続きなので、日本と違って陸路で国境を越えることができます。例えば、オランダーフランスは高速電車で３時間半程度ですし、海を挟んだイギリスも飛行機で１時間程度。そういう地理的な近さも言語の距離感や、

実際の「外国語を覚える」という心のバリアーを低くしているのかもしれません。

　私たち日本人も、中国の漢字の意味をなんとなく理解できることがありますね。それは英語ーオランダ語のように、中国語ー日本語もルーツが同じであり、やはり中国語に対しては、アルファベット圏の人よりも、日本人の方がアドバンテージがあると言えます。

　ここで知っておいてほしいことは、アルファベット圏に住んでいる国民には、すでに英語に対してアドバンテージがあるのだということです。対して、日本人が英語をマスターするのは、彼らよりも難しいという事実。だから彼らと比較するのは意味がないということです。ヨーロッパ圏の人よりも、自分の英語がなかなかうまくならないことに対して、決して変に卑屈になったりしないでください。なぜなら、彼らにはGuess（推測）できるアドバンテージがあるのですから。

注1：EF英語能力指数（EF English Proficiency Index）：世界中の国々を対象にした調査で、英語能力の高さをランキング化しています。

TEA BREAK

サンフランシスコ留学中こぼれ話　1

ご飯＝スシ？

　留学時の話です。アメリカ生活に慣れてくると、どうにもソワソワとしてくるのが「食べもの」。

　最初のうちは、ドーナツ・パンケーキ・ベーグルと何でも「美味しい！」「最高！」だったのに、だんだん飽きてアラばかりが気になってきたのです。

「このドーナツ、外側が甘すぎ」
「パンケーキなんか1カ月に1回くらいで十分」
「ベーグル食べてると顎が痛くなる！」

　美味しくいただいていたはずなのに、いつの間にか不平不満ばかり……。

　もう1つ問題だったのは、体重がぐんぐん増加していた

ことでした。アメリカに来てすぐの頃は、レストランやカフェで出てくる食事のボリュームに圧倒されてばかりでした。もちろん食べ切れるわけもなく、残ったものを持ち帰るのがいつものコース。ところが１カ月も経つころにはメンタルよりも先に胃袋がアメリカに慣れてしまい、山のようなパンケーキと生クリームもペロリと食べられるようになっていました。食べた分は太る。アメリカ留学経験者がよく言うように、私も太り出しました。持ってきたジーンズがキツイと感じるようになっていたのです。

　すると恋しくなるのが和食、そうご飯です。日本にいる時は「パンの方が好き」なんて言ってた私が、醤油やホカホカのご飯が恋しくて食べたくて、どうしようもありません。「ご飯を食べるようになれば、きっと元の体重に戻せる！」そう思った私は早速アジアンスーパーへ行き、お米を購入。ホストファミリーの家で鍋を借り、ご飯を炊き、甘じょっぱい卵焼きを作りました。炊飯器もないからと、勘で炊いたわりにはなかなかの炊き上がり。おかずは卵焼きしかないので、塩おにぎりをたくさん作り、海苔を添えました。

　出来上がったおにぎりと卵焼きを食べたホストファミリーの反応は上々。

「サクラ、あなたのスシは美味しいわ」
「でもこのスシはフィッシュじゃないんだね！」

　　……え、スシ？

　大きくなった胃袋のせいで、結局おにぎりを何個もパクパクと食べていた私は、スシという言葉を聞いて驚きました。
　そう彼らにとっては、どうやら「ご飯＝スシ」という認識だったのです。

　私はつたない英語で、おにぎりはスシではないことを一生懸命伝えました。結局ホストファミリーの家でその後も何度か和食を作りましたが、体重の増加を止めることはできませんでした。でもアメリカに住んでいる時は多少太っても、周りがみんな大きいので、日本にいる時ほど気になりませんでした。

　さて、その後も何度も海外で、「ご飯＝スシ」という認識の外国人に遭遇することがあります。「スシとご飯は同じじゃない！」と、どうしても気になってしまうのは、やはり日本人だからなのでしょうか。

PART
2

12歳までに
覚える表現

学校に通うようになり、友達もでき、家族以外の相手とのコミュニケーションが増えていきます。それにともなって、自分の気持ちを伝えようとしたり、相手に質問したり、より「対話」に使えるフレーズが多くなっていきます。

101 I'll be there in a minute.

すぐに行くよ。

A : **What time will you arrive?**
いつ着くんですか?

B : **I'll be there in a minute.**
すぐに行きます。

 一緒に覚えよう!

I'll be there in five minutes, just wait!
5分で着くからちょっと待って!

ひとこと解説 || in a minute(すぐに)という熟語です。I'll be back in a minute.(すぐに戻る)のように使います。

---

102 I'll do my best.

ベストを尽くします。

A : **Good luck with your test tomorrow.**
明日のテスト頑張って。

B : **I'll do my best.**
最善を尽くしますよ。

一緒に覚えよう!

I'll give it all I've got.
精一杯頑張ります。

ひとこと解説 || I'll do it as much as I can. も同じ意味になります。

103
I'm off to the convenience store.

コンビニに行ってくるね。

 こんな時に

A : I'm off to the convenience store.
コンビニに行ってくるね。

B : OK. Take care.
わかった。気をつけてね。

🔗 一緒に覚えよう！

I'm off to work.
仕事に行くよ。

💡 ひとこと解説 | 「I'm off to...＝〜へ行ってきます」です。I'm off today.（今日は休みです）という使い方もあります。

104
I'll think about it.

考えておく。

こんな時に

A : You should find this guidebook helpful. Take it.
このガイドブックは絶対役に立つから持っていきなよ。

B : Actually, I'll think about it.
ああ、考えてみるよ。

🔗 一緒に覚えよう！

Let me think for a while.
ちょっと考えさせてください。

💡 ひとこと解説 | 即決しない時に使える表現です。フォーマルとカジュアルのどちらの場面でも使うことができます。

105 I'm in a hurry.
急いでるんです。

A : Can you wait a few minutes?
もう少し待てますか？

B : Sorry, but I'm in a hurry.
ごめんなさい、ちょっと急いでるんです。

 一緒に覚えよう！

I have to go.
行かなくては。

💡 ひとこと解説 ‖ in a hurryで急いでいる状態を表現します。

106 Can you give me a hand?
手伝ってくれる？

A : Can you give me a hand?
ちょっと手伝ってくれる？

B : Sure, I'd be happy to.
もちろんいいよ。

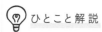 一緒に覚えよう！

Can you get me that pen?
ペンを取ってくれる？

💡 ひとこと解説 ‖ Can you help me? も同じ意味です。また、Could you...に変えると丁寧な言い方になります。

107 How much is it?

いくらですか？

\ こんな時に /

A : This is nice! How much is it?
これステキ！いくらですか？

B : That's ten dollars.
10ドルになります。

 一緒に覚えよう！

May I have the check, please?
お会計お願いできますか？

ひとこと解説 ┃ 学校教育でも習った表現。How muchの後ろを変えて細かいニュアンスを表現できます。

108 He is reserved.

彼は控えめなんだ。

\ こんな時に /

A : I haven't seen him yet. What's he like?
まだ会ったことがないんだけど、彼はどんな感じの人なの？

B : He is quiet and reserved.
彼は静かで控えめだよ。

 一緒に覚えよう！

I think you're very kind and considerate.
あなたはとても親切で、思いやりがあると思うわ。

ひとこと解説 ┃ reservedには「予約された」という意味以外にも、このような意味、使い方があります。

Here you go.

はい、どうぞ。

＼ こんな時に ／

A : Can I use your charger?
充電器貸してくれない？

B : Sure. Here you go.
いいよ、はいどうぞ。

🔗 一緒に覚えよう！

Here's the book I said I'd lend you.
これ、貸すって言ってた本です。

💡 ひとこと解説 ｜｜ 誰かに物を渡す時に使います。Here you are. も同じ使い方ができますが、少し丁寧です。

I'll write it down.

メモしておくよ。

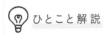
＼ こんな時に ／

A : Are you with me, Ken?
ケン、話についてきてますか？

B : Perhaps. I'll write it down.
たぶん。メモしておくよ。

🔗 一緒に覚えよう！

Don't forget to take notes.
忘れずにメモしてね。

💡 ひとこと解説 ｜｜ write downは、書き留めるという意味の句動詞です。代名詞はwrite it downのように間に挟んで使います。

Do you have any siblings?

111 きょうだいはいますか？

 \ こんな時に /

A: **Do you have any siblings?**
きょうだいはいますか？

B: **Yes. I have two older brothers.**
はい、兄が二人います。

⊙ 一緒に覚えよう！

How big is your family?
何人家族ですか？

💡 ひとこと解説 ‖ sibling＝きょうだいという意味です。any brothers or sistersと言い換えることも可能です。

Do you mean this?

112 こういうことですか？

\ こんな時に /

A: **Well, we're continuing to discuss the ideas. Do you mean this?**
ええと、私たちは引き続き議論を続ける、と。こういうことですか？

B: **That's right.**
その通りです。

⊙ 一緒に覚えよう！

I didn't mean to.
そんなつもりじゃなかった。

💡 ひとこと解説 ‖ 相手が言ったことを確認する時などに使います。You mean...のように言うこともできます。

113 I doubt that.

それはどうかな。

\ こんな時に /

A : I'm confident she's innocent.
彼女は何も悪いことなんてしていないはずだよ。

B : I doubt that.
それはどうかな。

 一緒に覚えよう！

You must be joking.
冗談でしょう。

ひとこと解説 ┃ doubtには「疑っている」という否定的なニュアンスがあります。I bet.（かけてもいいよ）とは反対の意味になります。

---

114 Do you know who did it?

誰がやったか知ってる？

\ こんな時に /

A : Do you know who did it?
誰がやったか知ってる？

この場合は動詞です

B : Not me.
僕じゃないよ。

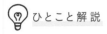 一緒に覚えよう！

Do you know when the meeting starts?
会議は何時からだっけ？

ひとこと解説 ┃ Do you know...とつけることで、間接的な疑問文となり丁寧な表現になります。

115

You are out of line.

言いすぎだよ。

\ こんな時に /

A : You are out of line.
言いすぎだよ。

B : Sorry, but I didn't mean it that way.
ごめん、そんなつもりじゃなかったんだ。

🔗 一緒に覚えよう！

I said too much.
ちょっと言いすぎたよ。

💡 ひとこと解説 ｜｜ 「言いすぎ、やりすぎ」の両方を表現します。

116

What does it taste like?

どんな味？

\ こんな時に /

A : What does it taste like?
どんな味がする？

B : Well, it tastes <u>kind of</u> bitter.
うーん、ちょっと苦いかな。

> 「ちょっと」
> 「なんか」の意味

🔗 一緒に覚えよう！

Like what?
例えばどんな？

💡 ひとこと解説 ｜｜ 「どんな味がしますか？」という意味で、具体的な味について聞いています。

83

117 Everyone does it.

みんなやってるよ。

A : You don't need to buy the same one.
同じものを買わなくてもいいでしょ。

B : But everyone does it.
でもみんな買ってるもん。

🔗 一緒に覚えよう！

Everyone knows who stole it.
誰が盗んだのかみんな知っている。

💡 ひとこと解説 ┃ 日本でも子供がよく言いますね。他にもeveryone is doing it. のような言い方もできます。

---

118 I can't help it.

しょうがないな。

こんな時に

A : Again? You already have one just like this!
また？ もう似たようなの持ってるじゃない。

B : I know...but it's so cute. I can't help it.
そうだけど……可愛いんだからしょうがないでしょ。

🔗 一緒に覚えよう！

I can't help but scratching.
かゆくて我慢できない。

💡 ひとこと解説 ┃ 「コントロールできない、止めることができない＝しょうがない」という訳です。help＝助けるではないので注意しましょう。

119 You seem a bit tense.

少し緊張しているみたいだね。

 \ こんな時に /

A: You seem a bit tense. Is everything okay?
少し緊張しているみたいだね。大丈夫?

B: I've been overloaded with work.
仕事でいっぱいいっぱいなんだ。

👓 一緒に覚えよう!

You've seemed tense lately.
最近ピリピリしているみたいね。

💡 ひとこと解説 ‖ tense=ピンと張った、張りつめた、という意味です。You seem...(のようだ)で色々なことが表現可能です。

120 My pleasure.

どういたしまして。

\ こんな時に /

A: Again, thanks for your help.
あらためて、助けてくれてありがとう。

B: My pleasure.
どういたしまして。

👓 一緒に覚えよう!

Anytime.
いつでもどうぞ。

💡 ひとこと解説 ‖ 直訳は「よろこんで」です。「手伝えてうれしい」という気持ちを伝える、お礼に対する返事です。

121 I can't buy that.

信じられないな。

＼ こんな時に ／

A: You know, I got lost in my hometown yesterday.
いやあ、昨日地元なのに迷っちゃった。

B: I can't buy that.
そんなの信じられないよ！

 一緒に覚えよう！

It doesn't make sense.
意味がわからないよ。

ひとこと解説 | buy は「買う」だけではなく、カジュアル表現で「信じる」という意味で使う場合もあります。

122 Is that the time?

もうこんな時間？

＼ こんな時に ／

A: Hey, we've gotta go home.
さあ、もう家に帰ろうか。

have got
toの省略形

B: Is that the time?
もうそんな時間？

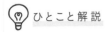 一緒に覚えよう！

Look, what time it is!
ねえ、もうこんな時間じゃない！

ひとこと解説 | 用事がある時、帰らなくてはいけない時などに使います。Is it already time? も同じような意味です。

123 I'd better hurry.

急がなきゃ。

＼ こんな時に ／

A：**You have the meeting at 1 p.m.**
会議は1時からだよ。

B：**Okay, I'd better hurry.**
わかった。急がなきゃ。

 一緒に覚えよう！

I've gotta go.
もう行かないと。

ひとこと解説 ┃ had better（〜した方がいい、〜すべき）という強い意味です。have toなどに言い換えができます。

124 I love your shirt.

素敵なシャツだね。

＼ こんな時に ／

A：**Hey, I love your shirt.**
ねえ、素敵なシャツだね。

B：**Thanks! My friend gave it to me for my birthday.**
ありがとう。友達が誕生日にくれたんだ。

 一緒に覚えよう！

That suits you.
よく似合ってますよ。

ひとこと解説 ┃ love＝愛する、と覚えてしまっている人も多いかもしれませんが、何かをほめる時にも使うことができます。

125

Are you free now?

今時間ある？

\こんな時に/

A : Are you free now? I wanna talk to you.
今時間ある？ ちょっと話したいことがあるんだ。

B : Sure, Ken. What's up?
もちろんだよ、ケン。どうしたの？

 一緒に覚えよう！

When are you free?
いつが空いてる？

ひとこと解説 | Are you free? なので「いま暇ですか？」といったニュアンスです。

126

That looks delicious.

美味しそう。

\こんな時に/

A : This is the main dish, steak tartare. Here you go.
こちらがメインのタルタルステーキです。さあどうぞ。

B : That looks delicious!
美味しそう！

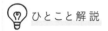 一緒に覚えよう！

You look frustrated.
なんかイライラしてるみたいね。

ひとこと解説 | 「That looks＋形容詞」で視覚的な感想を表現します。

127 > **Who told you?**

誰が君に言ったの？

\ こんな時に /

A : Who told you that?
誰が言ったの？

B : Oh, well, I think Risa did.
たぶんリサだと思う。

○─ 一緒に覚えよう！

Where did you hear that?
どこで聞いたの？

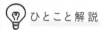 ひとこと解説 ‖ 「誰が」と聞きたい時にはwhoを使います。Who did it?(誰がやったの?)のように気軽に使えます。

128 > **Anything is fine.**

どっちでもいいです。

\ こんな時に /

A : Do you want to eat sushi or fried chicken?
寿司とフライドチキンどっちがいいですか？

B : Anything is fine.
どっちでもいいよ。

○─ 一緒に覚えよう！

I don't mind.
どちらでもかまいません。

 ひとこと解説 ‖ 質問されたもの＝Anythingで受けます。動詞は単数形です。

129 > **My family is close.**

私の家族は仲がいいです。

A : My family is close.
私の家族は仲がいいです。

B : That's great! Same here.
いいですね。うちもですよ。

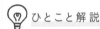 一緒に覚えよう!

We have a good relationship.
私たちは仲がいい。

ひとこと解説 | close=「閉める、閉じる」という意味を覚えている人が多いと思いますが、形容詞としての使い方もあり、代表的な意味が「近い」です。

---

130 > **I have hay fever.**

花粉症です。

A : Actually, I have hay fever.
実は花粉症なんだよ。

B : Really? Same here. I have had a runny nose since yesterday.
そうなの? 実は僕も。昨日から鼻水が止まらないんだ。

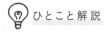 一緒に覚えよう!

I have a terrible cold.
ひどい風邪をひきました。

ひとこと解説 | hay fever＝花粉症です。I have や I feelを使うことで、体の症状を説明することができます。

131

I have an idea!

じゃあ、こうしましょう。

\ こんな時に /

A : I can't decide because they're all good opinions.
いい意見ばかりで決められないな。

B : Okay, I have an idea!
わかった、じゃあこうしよう!

 一緒に覚えよう!

I have a question for you.
聞きたいことがあるんだけど。

ひとこと解説 | 「have an idea=考えがある=じゃあこうしよう」になります。場面によりLet's do it. のような表現も可能です。

132

Come and sit over here.

こっちに来て座って。

\ こんな時に /

A : This is my buddy, Taro.
こちらは友達の太郎です。

B : Welcome! Come and sit over here.
ようこそ! こっちに来て座って。

 一緒に覚えよう!

Do you mind if I sit in on your class?
あなたのクラスに参加してもいいですか?

ひとこと解説 | sit=すわる(sít)とshit=ちくしょう!(ʃít)発音の違いで全く違う意味になるので気をつけましょう。

133

Tell me what happened.
何があったのか教えて。

A : I don't want to do it anymore.
もうやりたくないんだ。

B : Got it, but tell me what happened.
わかったよ、何があったのか教えてくれない?

 一緒に覚えよう!

Explain to me what happened.
何があったか、話してごらん。

 ひとこと解説 │ Can you tell me... の省略形です。Tell me about it.(わかるよ)という相槌表現もあります。

134

Are you all right?
大丈夫ですか?

A : You look down. Are you all right?
元気ないみたい。大丈夫ですか?

B : I'm fine. Thanks for asking.
大丈夫だよ。気にしてくれてありがとう。

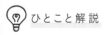 一緒に覚えよう!

Is everything alright between you two?
彼とはうまくいってる?

ひとこと解説 │ 相手の体調や様子を確認する表現です。
Is everything all right? も同じ意味です。

135

Where should we meet?

どこで会おうか？

＼こんな時に／

A：Where should we meet?
どこで会おうか？

B：Let's meet at the shopping center in front of the station.
駅前のショッピングセンターで会おう。

 一緒に覚えよう！

When should we go?
いつにする？

 ひとこと解説 ┃ Shouldは「〜すべき」という教科書で習った使い方だけでなく、こんな風に日常的に使えます。

136

That's a waste.

もったいない。

＼こんな時に／

A：Toss the rest of the dinner, okay?
夕ごはんの残りは処分してくれる？

B：Seriously? That's a waste.
本気で？ もったいないよ。

 一緒に覚えよう！

That's a waste of money.
お金の無駄だよ。

 ひとこと解説 ┃ waste＝無駄、という意味です。他にもDon't waste. のような言い方もあります。

You should try this.

これを試してみた方がいいよ。

A : You should try this new flavor. It's great!
この新しいフレーバー試してみてよ。すごく美味しいよ！

B : Thank you, I will definitely give it a try!
ありがとう、ぜひ試してみるね！

🔗 一緒に覚えよう！

Give it a try!
やってみて。

💡 ひとこと解説 ｜｜ 「〜した方がいいよ」と提案をする時に使うことができます。needやhave toよりも軽い言い方です。

I shouldn't have lied.

嘘なんてつくんじゃなかった。

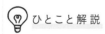

A : Everyone might not trust you anymore.
もう誰も君のこと信頼してくれないよ。

B : I'm really sorry. I shouldn't have lied.
本当にごめん。嘘なんてつくんじゃなかった。

🔗 一緒に覚えよう！

I wish I could tell the truth.
本当のことを言えたらいいのに。

💡 ひとこと解説 ｜｜ shouldの否定形で「〜するべきではない、〜しない方がいい」という意味になります。

139 It's not your fault.

君のせいじゃないよ。

＼ こんな時に ／

A : Did I mess up?
やらかしちゃったかな？

B : No, it's not your fault.
違うよ、君のせいじゃない。

 一緒に覚えよう！

I made a mistake on the exam.
テストで間違えてしまった。

💡 ひとこと解説 ｜ faultはmistakeと似た意味の名詞です。

140 I need to go home.

そろそろ帰らなくちゃ。

＼ こんな時に ／

A : It's almost 10 p.m.
もうすぐ夜の10時だよ。

B : 10 p.m.? I need to go home.
10時？ もう帰らなくちゃ。

 一緒に覚えよう！

Let's go home soon.
そろそろ帰りましょう。

💡 ひとこと解説 ｜ I have to go home. やI gotta go. も同じように使うことができます。

141

It's not a big deal.

大したことじゃないよ。

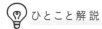

A : I'm so sorry I broke your vase.
花瓶を割ってしまってごめんなさい。

B : Don't worry. It's not a big deal.
全然。大したことじゃないよ。

🔗 一緒に覚えよう！

What's the big deal?
何がそんなに重要なわけ？

💡 ひとこと解説 ｜｜ Thank you. の返事としても使うことができます。このような相槌は色々な場面で使います。

142

How did it go?

結果はどうだった？

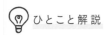

A : You must have enjoyed the match on Saturday. How did it go?
土曜の試合は楽しかったんだろうね。結果はどうだった？

B : Ah, yes. It went well.
あー、うん。うまく行きましたよ。

🔗 一緒に覚えよう！

How is your mother?
お母さん元気？

💡 ひとこと解説 ｜｜ How did it go? は場面により訳が変わりますが、「どうだった？ どんな感じだった？」というニュアンスです。

143 I think I understand.

わかると思う。

\ こんな時に /

A : Does it make sense so far?
ここまで理解しましたか？

B : I think I understand.
わかってると思います。

⊕ 一緒に覚えよう！

I think this is better.
こちらの方がよさそうですね。

 ひとこと解説 ┃ I understand. よりも確信がないニュアンス。もちろんI understand, maybe. と言うこともできます。

144 How many do you need?

いくついるの？

\ こんな時に /

A : How many do you need?
いくついるの？

B : I need five at least.
最低でも5個必要です。

⊕ 一緒に覚えよう！

How much do you want?
どのくらい欲しい？

 ひとこと解説 ┃ 数えられるものはHow many、数えられないものはHow much で質問します。

145 What's that called?

それはなんていうの？

A : **What's that called?**
それはなんていう名前なの？

B : **This is a "gate". It's a part of a fence.**
"門"、いわゆる外の柵のことです。

🔗 一緒に覚えよう！

What caused the accident?
事故の原因はなんですか？

💡 ひとこと解説 ｜｜ 「なんという名前か」を尋ねる言い方です。似たものとしてはWhat's that?（それは何ですか？）があります。

---

146 Where are you going?

どこに行くの？

A : **Where are you going?**
どこに行くの？

B : **I'm going to my friend's house.**
友達の家へ行くところです。

🔗 一緒に覚えよう！

Where are you headed?
どこへ行くんですか？

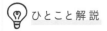

💡 ひとこと解説 ｜｜ Where are you heading? やWhere are you headed to? も同じ意味としてよく使う表現です。

He's probably mad.

147

彼はたぶん怒ってるね。

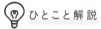 \ こんな時に /

A : You look anxious. What's wrong?
不安そうだけど、どうしたの？

B : He's probably mad.
彼は怒ってるみたい。

🔗 一緒に覚えよう！

He's in a bad mood.
彼は機嫌が悪いね。

💡 ひとこと解説 ┃ 視覚的な感想はHe looks、またはHe seemsを使っても表現することができます。

You must be tired.

148

疲れているんだね。

\ こんな時に /

A : I was working the night shift until this morning.
今朝まで夜勤だったんだ。

B : You must be tired.
それはお疲れでしょうね。

🔗 一緒に覚えよう！

It seems difficult.
難しそう。

 ひとこと解説 ┃ must be+形容詞で「〜に違いない、きっと〜だろう」という意味になります。

149 | I've got a canker sore.

口内炎ができた。

\こんな時に/

A : You don't feel good, do you?
調子悪そうだね。

B : I've got a canker sore. It's killing me.
口内炎ができて、すごく痛いんだ。

一緒に覚えよう！

I've got a cold.
風邪をひきました。

ひとこと解説 | have got（手に入れて持っている）の意味で、have（自分のゾーンにある）とは少しだけニュアンスが違います。

---

150 | I'll pass on that.

それはやめておく。

\こんな時に/

A : Do you want to come with us?
一緒に行かない？

B : Sorry, I'll pass on that. I have to finish my homework.
ごめん、パスする。宿題をやらなきゃ。

一緒に覚えよう！

I'm sorry, but I'll pass this time.
ごめん、今回は遠慮しておくよ。

ひとこと解説 | pass（パス）は、日本語と同じく「パスする、やめておく」の意味です。Pass me the salt.（塩取って）のように使うこともあります。

151

Say hi to him for me.

彼によろしく伝えて。

　こんな時に

A : I'll see Kevin tomorrow for the first time in ages.
明日、久しぶりにケビンに会うんだ。

B : Sounds great! Say hi to him for me.
いいね。よろしく言っておいてよ。

🔗 一緒に覚えよう！

Please give my regards to everyone.
皆さんによろしく伝えてください。（フォーマル）

💡 ひとこと解説 ｜ Hiの部分はHelloやHeyなど、他の伝えたい言葉に変えて使うこともできます。

152

I don't feel like it.

ちょっとその気になれない。

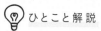　こんな時に

A : Shall we go for drinks after work?
仕事が終わったら飲みに行きませんか？

B : Actually, I don't feel like it.
うーん、ちょっと気分じゃないんだ。

🔗 一緒に覚えよう！

I'm not in the mood for that.
そういう気分じゃないんだ。

 ひとこと解説 ｜ 「〜したい、〜したい気分だ」という意味。後ろに動詞が来る場合は「動詞＋ing」となります。

153

So far, so good.

今のところ順調です。

\ こんな時に /

A : By the way, how is your new job?
ところで、新しい仕事はどう？

B : So far, so good.
今のところ順調だよ。

 一緒に覚えよう！

Everything's fine so far.
今のところすべて順調です。

💡 ひとこと解説 ‖ so far＝今までのところ、という意味です。
I undestand, so far. のように文末において使うこともあります。

154

It takes ten minutes.

10分かかります。

\ こんな時に /

A : When will we get to Tokyo Station?
東京駅にはいつ着くかな？

B : Let's see...It takes ten minutes.
ええと、あと10分かかるよ。

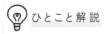 一緒に覚えよう！

If you take 5 from 12 you get 7.
12から5引くと7です。

💡 ひとこと解説 ‖ 「時間がかかる」と言いたい時はtake。「〜するのに」は「to＋動詞の原形」を使います。

155 Don't worry about it.

気にしないで。

A : I'm sorry I didn't call you last night.
昨日の夜電話しなくてごめん。

B : Don't worry about it.
気にしないで。

🔗 一緒に覚えよう!

Sometimes I worry about the future.
時々将来が不安になることがあります。

💡 ひとこと解説 ┃ 謝罪してきた相手に対して「気にしなくていいよ」と言う時や、お礼に対しての返事などに使います。

156 I used to.

前はね。

＼ こんな時に ／

**A : I've just started jogging every morning.
Do you jog?**
朝ジョギング始めたんだ。ジョギングしてる?

B : I used to.
前はね。

🔗 一緒に覚えよう!

I used to live in Tokyo.
以前、東京に住んでたよ。

💡 ひとこと解説 ┃ 過去の習慣は「I used to＋動詞」です。「I am used to＋動詞＋ing」は「慣れている」という全く違う意味です。

157

What should I call you?

君のことなんて呼べばいい？

A: **What should I call you?**
君のことなんて呼べばいい？

B: **Just Nick, call me Nick.**
ニックと呼んでください。

 一緒に覚えよう！

What should I do next?
次はどうすればいい？

ひとこと解説 | What do you go by?（なんて呼べばいい？）という
表現なら、さらにカジュアルになります。

158

I should have gone.

行けばよかったな。

\ こんな時に /

A: **The party was really exciting!**
パーティはすごく面白かったよ。

B: **I should have gone with you.**
一緒に行けばよかったな。

 一緒に覚えよう！

I should have saved money.
お金を貯めるべきだった。

ひとこと解説 | I should have+過去分詞で「後悔」を表現します。
似た表現としては「I wish I+過去形」があります。

159

I'll be in touch.

また連絡しますね。

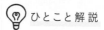
\ こんな時に /

A: I had a great time.
今日はとても楽しかったです。

B: Nice talking to you. I'll be in touch.
あなたと話せてよかったです。また連絡します。

🔗 一緒に覚えよう！

I'll keep in touch.
これからも連絡するよ。

💡 ひとこと解説 ║ 別れ際の定番フレーズ。get in touch, keep in touchなど微妙にニュアンスが違います。

160

That's awesome!

すごいね！

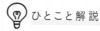
\ こんな時に /

A: He got accepted into Tokyo University!
彼、東大に合格したんだって！

B: Wow! That's awesome!
えー！すごいな！

🔗 一緒に覚えよう！

This is the first time I've seen anything like this!
こんなの初めて見た！

💡 ひとこと解説 ║ awesomeはamazingのカジュアルな表現です。フォーマルではないので、親しい間柄の人と話す時に使います。

161 It's been a while.

久しぶりだね。

＼こんな時に／

A: Hey, how have you been? It's been a while.
やあ、元気にしてた？ 久しぶり。

B: What's up Risa? Long time, no talk.
元気、リサ？ ずいぶん会ってなかったね。

 一緒に覚えよう！

I haven't seen you in a while.
しばらく会ってなかったね。

💡 ひとこと解説 ‖ 日本ではLong time no see.（久しぶり）が有名ですね。How have you been?（元気にしてた？）だけでも使うことが多いです。

---

162 To go, please.

テイクアウトにします。

＼こんな時に／

A: For here or to go?
店内でお召し上がりですか？ 持ち帰りですか？

B: To go, please.
テイクアウトにします。

> take outではありません

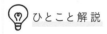 一緒に覚えよう！

We ordered takeaway.
テイクアウトしました。

💡 ひとこと解説 ‖ to go（持ち帰りで）はアメリカ英語、イギリス式だとto takeawayです。ヨーロッパではイギリス式を使うことが多い印象です。

Can you make it?

163

来られそう？

\ こんな時に /

**A : I want you to come to the party tonight.
Can you make it?**

今夜のパーティに来てほしいんだけど、来られそう？

B : Yes, I think so.

うん、行けると思う。

 一緒に覚えよう！

I think I can make it.

たぶん行けるよ。

💡 ひとこと解説 | make itはこの場合「都合がつく」の意味です。他にも「理解する」「間に合う」「行ける」など場面によって訳は異なります。

It's not my favorite.

164

あんまり好きじゃない。

\ こんな時に /

A : Do you like scary movies?

ホラー映画は好き？

B : It's not my favorite, but it's okay.

あんまり好きじゃないかな、でも嫌いじゃないよ。

 一緒に覚えよう！

Actually, eggs are not my favorite.

実は卵は苦手なんです。

💡 ひとこと解説 | 「お気に入り」じゃないという否定形です。控え目に「好きではない」という意見を伝えます。

I'm sorry to hear that.

それは残念だったね。

A : I didn't pass the test.
テストに合格できなかった。

B : Oh... I'm sorry to hear that.
あー……それは残念だったね。

 一緒に覚えよう!

Well, I'm sorry to say it, but you're mistaken.
残念ですが、間違っているようです。

ひとこと解説 | sorryというと「ごめんなさい」という意味を考えがちですが、「悪い出来事」などへの労いの言葉としても使います。

Are you in line?

並んでますか?

A : Excuse me, are you in line?
すみません、並んでますか?

B : Yes, I am.
はい、並んでます。

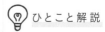 一緒に覚えよう!

What is this line for?
これは何の列ですか?

ひとこと解説 | 列=lineなので覚えやすいですね。Don't cut in line!(割り込まないで)のように使います。

167 > You did that on purpose.

わざとでしょ。

 \ こんな時に /

A: Hey, you did that on purpose.
ねえ、わざとやったでしょ。

B: No, it was an accident.
違うよ。うっかりだよ。

∞ 一緒に覚えよう！

What's the purpose of your visit?
訪問の目的は何ですか？

ひとこと解説 ｜ purpose＝「目的」なので「目的があってやったでしょ＝わざとでしょ」です。

168 > Could you speak more slowly?

もっとゆっくり話してもらえますか？

 \ こんな時に /

A: Could you speak more slowly?
もっとゆっくり話してもらえますか？

B: Oh, sorry. Is this better?
おっとごめんなさい。これくらいでいいですか？

∞ 一緒に覚えよう！

Could you open the door, please?
ドアを開けてもらえますか？

ひとこと解説 ｜ Could youの方がCan youよりも丁寧な言い方です。文末にpleaseをつけてさらに丁寧にすることも。

169

Don't overdo it.

やりすぎないで！

\ こんな時に /

A : I need to be more careful.

もっと注意して生活しないとな。

B : Definitely. Don't overdo it after a heart attack.

絶対だよ。心臓発作のあとなんだからやりすぎちゃダメ。

🔗 一緒に覚えよう！

Don't work too hard.

仕事頑張りすぎないように。

💡 ひとこと解説

overdoは文字通りの「〜をやりすぎる」という意味です。「やりすぎないように、無理しないように」という定番フレーズです。

170

What's he like?

彼はどんな人？

\ こんな時に /

A : What's he like?

彼はどんな感じの人なの？

B : In my opinion, he's nice and funny.

優しくて面白い人だよ、私の意見だけど。

🔗 一緒に覚えよう！

What does he like?

彼は何が好きなの？

💡 ひとこと解説

リスニングするとかなり似ていますが、What does he like?（彼は何が好き？）は意味が全く違います。

171 Is something wrong?

何かあったの？

\ こんな時に /

A: **You look so pale. Is something wrong?**
あなた顔色がとても悪いわ。どうかしたの？

B: **Actually, I've had a headache since this morning.**
実は朝からずっと頭が痛いんだ。

一緒に覚えよう！

What's the matter?
どうしたんですか？

ひとこと解説 ｜｜ What's wrong? と同様に、相手の状況を気遣う表現です。

172 I'll call you later.

あとでかけます。

\ こんな時に /

A: **I can't hear you because of the noise.**
うるさくて聞こえないんですけど。

B: **Sorry, I'll call you again later.**
すみません、あとでまたかけます。

一緒に覚えよう！

I'll call you back later.
あとでかけ直します。

 ひとこと解説 ｜｜ 折り返し、かけ直す時にはcall you backです。later ＝（あとで）、before＝（前に）です。

173 | I'm finally done.

やっと終わった。

 こんな時に

A: I'm finally done.
やっと終わったぞ。

B: Hey, let's go for a drink then.
じゃあ飲みに行こうよ。

🔗 一緒に覚えよう!

It's finally over.
やっと終わった。

💡 ひとこと解説 ‖ finallyで終わったことを強調しています。Finally!だけで「やっとだよ!」のようにも使えます。

174 | Where is the bathroom?

トイレはどこですか?

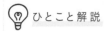 こんな時に

A: Excuse me, where is the bathroom?
すみません、トイレはどこですか?

B: On the third floor.
3階です。

🔗 一緒に覚えよう!

Do you know where the bathroom is?
トイレはどこか知ってますか?

💡 ひとこと解説 ‖ Where is...?で場所を聞きます。ダイレクトな言い方なので、Excuse me, などを付けて丁寧にする工夫を忘れずに。

175 > Does it make sense?

私の言っていることわかる？

\ こんな時に /

A : Does it make sense, so far?
ここまでわかりますか？

B : Yes, it does.
はい、わかります。

 一緒に覚えよう！

The meaning is not clear.
意味がわからない。

ひとこと解説 | make sense＝「明確になる」という意味です。
I understand. と同じ場面で使うことができます。

---

176 > I'm glad to hear that.

そう言ってもらえて嬉しい。

\ こんな時に /

A : Thank you for coming. And I hope to see you again soon.
来てくれてありがとう。また近いうちに会いたいよ。

B : I'm glad to hear that.
そう言ってもらえて嬉しい。

 一緒に覚えよう！

I'm perfectly happy to help out.
喜んでお手伝いします。

ひとこと解説 | gladで嬉しさを表現します。他に、happyを使っても
同様の意味になります。

Do you want some more?

177

もっと欲しい？

A : Do you want some more?
お代わりどうですか？

B : No, I'm stuffed already. Thank you.
もうお腹いっぱいです。ありがとう。

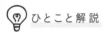 一緒に覚えよう！

Do you want to go to lunch?
ランチ行かない？

 ひとこと解説 │ 会話の流れで「何が欲しいのか？」を明確にできるな　らYou want? だけで使うこともあります。

178

I tried everything.

精一杯やったよ。

A : I tried everything so I have absolutely no regrets.
精一杯やったから悔いはないよ。

B : I am proud of you.
よくやったね。

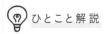 一緒に覚えよう！

Good enough.
それで十分だよ。

ひとこと解説 │ 「すべてに挑戦した＝精一杯やった」という意味です。　I did enough. のような言い方もできます。

179 > **One hundred percent!**

絶対そうだよ！

\ こんな時に /

A : Do you think this plan will work?
この計画がうまく行くと思う？

B : One hundred percent!
絶対だよ！

🔗 一緒に覚えよう！

It was a hundred percent his fault.
間違いなく彼の責任だよ。

 ひとこと解説 ‖ a hundred percentとも言います。強く言いたい時の表現でdifinitelyやabsolutelyに似ています。

180 > **That disappoints me.**

それはがっかり。

\ こんな時に /

A : She's not coming here today.
彼女今日は来ないんだって。

B : That disappoints me.
それはがっかり。

🔗 一緒に覚えよう！

Don't let me down.
がっかりさせないで。

 ひとこと解説 ‖ 自分を主語にする場合はI'm disappointed. です。意味は同じです。

181

I get lost easily.

すぐに道に迷うんだ。

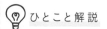

A: You're bad with directions, aren't you?
方向音痴だったよね、確か？

B: True. I get lost easily.
そうなの。すぐに道に迷うんだ。

🔗 一緒に覚えよう！

I get cold easily.
寒がりなんだ。

💡 ひとこと解説 ‖ get...easilyで「〜しやすい、〜しがち」という意味です。品詞は easy, ease, easilyのように展開して覚えておくと便利です。

182

It's your imagination.

気のせいだよ。

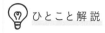

A: Is Ken behaving strangely at the moment?
ケンの様子へんじゃない？

B: It's just your imagination.
たんに気のせいだよ。

🔗 一緒に覚えよう！

I have absolutely no imagination.
全く想像できない。

💡 ひとこと解説 ‖ 似た言い方としてIt's all in your mind.（気のせいだよ）のようなものもあります。

You have red eyes.

183

目が充血してるよ。

＼ こんな時に ／

A : You have red eyes. Don't rub them.
目が充血してる。擦っちゃダメだよ。

B : I know, but they're itchy.
わかってるんだけど、かゆいんだよ。

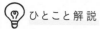 一緒に覚えよう！

I have bad eyes.
私は視力が悪い。

💡 ひとこと解説 ┃ have bad eyes（視力が悪い）など、視力という難しい単語を知らなくてもhaveで説明ができます。

That's all I need.

184

それだけで十分だよ。

＼ こんな時に ／

A : Do you have everything? Your bag looks light.
忘れ物ない？ 荷物軽そうだけど。

B : But that's all I need.
だって、必要なのはこれだけなんだよ。

 一緒に覚えよう！

That's all the questions I have for now.
今のところ質問はこれですべてです。

💡 ひとこと解説 ┃ All I need is you.（欲しいのはあなただけ）など、単語を知っていれば違う言い方も可能ですね。

185 That makes you sad.

それは悲しいね。

A : Our dog died yesterday, she has been my friend.
昨日飼っていた犬が死んだの、ずっと仲良しだったのに。

B : I'm sorry. That makes you sad.
そうか、それは悲しいだろうね。

 一緒に覚えよう!

Spring makes me sleepy.
春は眠くなります。

ひとこと解説 | 「makes 人＋形容詞」で「〜させる」となります。
What made you sad?（何が悲しいの？）のように
使うこともできます。

---

186 I can't stop sneezing.

くしゃみが止まらない。

A : Do you have hay fever?
花粉症なの？

B : Probably. I can't stop sneezing.
たぶんね。くしゃみが止まらないんだ。

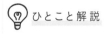 一緒に覚えよう!

I can't stop yawning.
あくびが止まらない。

ひとこと解説 | I can't stopで「止められない、我慢できない」という
意味で使われます。

187 > It's almost time.

そろそろ時間ですよ。

\ こんな時に /

A : Are you ready? It's almost time.
準備はできた？ そろそろ時間だよ。

B : I'm ready. Let's go!
準備できたよ。出発しよう。

🔗 一緒に覚えよう！

I'm almost done.
あともう少しで終わるよ。

💡 ひとこと解説 | 「そろそろ〜です」はalmostを使います。「It's high time〜＝とっくに〜する時間だ」という言い方もあります。

188 > I'm frustrated with myself.

すごく悔しいよ。

\ こんな時に /

A : What's the matter?
どうしたの？

B : I'm frustrated with myself for failing in the speech.
スピーチに失敗して悔しいんだ。

🔗 一緒に覚えよう！

This is so frustrating!
すごくイライラする！

💡 ひとこと解説 | frustrate＝悔しい、イライラするという意味です。

189 I'm on the way.

今、向かっています。

A : When will you arrive?
いつ到着しますか?

B : Almost there. I'm on the way.
もうすぐです。今向かってます。

 一緒に覚えよう!

I'm heading there now.
今そちらへ向かってます。

ひとこと解説 | on the way＝途中にいる、という意味です。「今向かってます」と言いたい時などに使います。

190 Is it still raining?

まだ雨が降っていますか?

A : Is it still raining?
まだ雨が降っていますか?

B : Actually, It might be raining stronger than before.
なんだかさっきよりひどいかもしれない。

一緒に覚えよう!

I can't brush your hair if you don't keep still.
じっとしないなら、髪をとかせないよ。

ひとこと解説 | この場合のstill は「まだ、引き続き」という意味です。SVOにこのような修飾する単語を入れるとぐっとナチュラルになります。

What does that mean?

191

それってどういう意味？

\ こんな時に /

A: What does that mean?
それはどういう意味ですか？

B: Hand-me-down? It refers to clothing.
お下がり？洋服のことです。

 一緒に覚えよう！

What does that word mean?
この言葉の意味はなんですか？

ひとこと解説　｜｜ What does...mean? で知らない単語、言い回しを質問したい時に使うことができます。

I agree with you.

192

あなたに賛成です。

\ こんな時に /

**A: I'm so fed up with his excuses.
What do you think about that?**
彼の言い訳にはうんざりだ。どう思う？

B: I agree with you.
賛成だね。

 一緒に覚えよう！

I'm with you.
同感です。

ひとこと解説　｜｜ agreeは賛成の気持ちを伝える動詞です。反対する時はdisagreeを使います。

What sport do you like?

どのスポーツが好き？

\ こんな時に /

A：**What sport do you like?**
どのスポーツが好き？

B：**I like ice hockey most.**
特にアイスホッケーが好きです。

🔗 一緒に覚えよう！

What kind of music do you like?
どんな音楽が好きですか？

💡 ひとこと解説 ｜｜ What kind of sports do you like? という言い方も一般的です。

What if my mom sees it?

もしもお母さんが見たらどうするの？

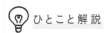
\ こんな時に /

A：**What if my mom sees it?**
もしもお母さんが見たらどうするの？

B：**Don't worry...she won't.**
ねえ、大丈夫。見ないから。

🔗 一緒に覚えよう！

What if he uploads it on Facebook or something?
もしも彼がFacebookや何かにアップしたらどうする？

💡 ひとこと解説 ｜｜ What if...で「もしも〜したら」という意味になります。後ろには主語＋動詞が続きます。

95 I'm sorry, I forgot.

ごめんなさい、忘れてた。

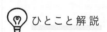

A : The deadline for submission is today.
今日が提出期限ですよ。

B : I'm sorry, I forgot.
すみません、忘れてました。

☞ 一緒に覚えよう！

I'm just sorry about all the trouble.
ご迷惑をおかけしてすみません。

> 💡 ひとこと解説　│ この場合の I'm sorryは「ごめんなさい」と訳すのが自然ですが、「ごめんなさい」ではない訳が自然な時もあります。

96 You are such a stingy person.

ケチだなあ。

A : I haven't bought anything for a year.
この1年何にも買ってないな。

B : You are such a stingy person.
ケチだなあ。

☞ 一緒に覚えよう！

What a cheapskate!
なんてケチなの！

> 💡 ひとこと解説　│ stingy=ケチ、せこい という意味です。またcheapも同じような意味になります。

PART2

12歳までに覚える表現

197 You made my day.

あなたのおかげでよい1日になった。

\ こんな時に /

A : Thanks! You really made my day!
ありがとう！あなたのおかげでいい日になりました。

B : I had a great time, too.
こちらこそ楽しかったです。

 一緒に覚えよう！

It's not my day.
今日はついてなかったな。

💡 ひとこと解説 ┃ 相手の行動や言葉で気持ちが明るくなった時、You made my day. と感謝の気持ちを伝えることができます。

198 I'll be right back.

すぐに戻ります。

\ こんな時に /

A : Excuse me, do you have these shoes in stock?
すみません、この靴は在庫ありますか？

B : Let me check, I'll be right back.
ちょっと確認してきます。すぐ戻りますね。

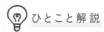 一緒に覚えよう！

I'll get to it right away.
すぐに取り掛かります。

💡 ひとこと解説 ┃ このrightは「すぐに」という強調の意味です。名詞としてなら「右」「権利」などの意味があります。

199

Don't expect too much.

あんまり期待しないで。

\ こんな時に /

A: How's the plan going?
計画の方はどうなっているの？

B: Don't expect too much. I have lots of other things to do, too.
あんまり期待しないで。他にもやることいっぱいあるんだから。

⚮ 一緒に覚えよう！

Don't make any noise.
音をたてないで。

💡 ひとこと解説 ‖ expectは「期待する、予期する」という意味で、他にもShe's expecting.（彼女妊娠してるんです）のようにも使います。

200

I'm about to cry.

泣きそうです。

\ こんな時に /

A: Hey, that's too much!
ちょっと言いすぎだよ。

B: Why do you say mean things? I'm about to cry.
どうして意地悪なことを言うの？ もう泣きそう。

⚮ 一緒に覚えよう！

I'm going to cry.
もう泣きそうです。

 💡 ひとこと解説 ‖ 「寸前、ギリギリ」を強調したい時はI'm just about to cry. のようになります。

なぜ日本人は英語が苦手？
②

先のコラムでも触れた通り、オランダのようなアルファベットを母国語で使う国では、英語に対してアドバンテージがあります。そういった理由で、私たち日本人よりも英語の習得が早かったり、上手に話すことができる人が多いということをお話ししました。

とはいえ、同じカテゴリーに属しているアジア圏の中でも日本人の英語の実力は、かなり低いのも事実です。駅前には英会話スクールがあふれ、習い事として「英語」を学んでいる子どもも大人もたくさんいるのに、「英語能力指数 ランキング」では「韓国（49位）」よりも「中国（82位）」よりも低い87位が日本の現状でもあります。

1位	オランダ
2位	シンガポール
3位	オーストリア
20位	フィリピン
49位	韓国
82位	中国
87位	**日本**
113位	（最下位）コンゴ民主共和国

出典：https://www.efjapan.co.jp/epi/

まずは、オンライン英会話の講師でおなじみのフィリピンについて見てみましょう。

　フィリピンの順位は「20位」です。フィリピンは同じアジア圏の島国同士。なのに、どうしてこれほど違いがあるのでしょうか。フィリピンは、日本と同様に複数の島から成り立つ島国です。フィリピンの言葉といえば「タガログ語」がおなじみですが、7000以上の島で構成されているフィリピンは、実は島ごとに使っている言葉が違います。例えばセブ島留学でおなじみのセブ島はセブアノ語が使われています。マニラに住んでいる人のタガログ語とセブ島の人のセブアノ語では、うまく意思疎通をすることができません。そこで、彼らは英語を使ってコミュニケーションをします。これがフィリピンと日本との大きな違いのひとつです。なぜなら、日本にも地方ごとの方言はありますが、極端な場合をのぞいて、双方理解をすることはできますよね。でもフィリピンでは双方が理解するために、英語を使うのです。

　また、フィリピンでは義務教育も英語で行われます。もちろんタガログ語も勉強しますが、先生は英語で教えますし、教科書も英語です。フィリピンの義務教育は5歳からスタートするので、フィリピン人はすでに5歳から毎日英語に触れる生活をしていることになります。

　英語はタガログ語と同様に、国の公用語のひとつにもなっているので、街中でも英語の案内を多く見かけます。

すべてのフィリピン人が勤勉に英語を学習しているわけではないのに、日常の生活の中に英語があることで、全体として英語が上達していくということでしょう。

　フィリピンに行ったことがある人ならば想像できると思いますが、フィリピンは国も人も、気候のせいか全体的にのんびりした雰囲気です。もちろん勤勉な人も中にはいますが、多くの人はのんびりしています。日本の感覚だと信じられないことですが、仕事であっても時間や約束を守らないことはしょっちゅうあります。そんなことは日本ではありえないことなので、平均的に考えれば、やはり日本の方が勤勉な人は多いと言えるのではないでしょうか。

　それなのに、データとしても印象としても、フィリピンの人は英語ができて、日本人は英語が話せない。勤勉にコツコツと努力をしているにも関わらずということです。

　それは先にあげたような学校や日常の生活環境に、小さい頃から英語があるかどうかの違いが大きく影響していると思います。そしてもうひとつ理由をあげるなら、「正解」にこだわってしまうという日本人の気質もあるのではないかと感じます。

　日本人の気質の特徴と言われるものには、例えばこのようなものがあります。

・シャイでおとなしい

・約束を守る

・周りに合わせる

・完璧主義

・ホンネと建前

　なるほど、とうなずけるものばかりではないでしょう
か。この中の「完璧主義」というのは、もちろん良い面も
あります。日本では鉄道の運行はほとんどダイヤ通り、遅
れることも稀、正確さを売りにしています。私たちはこれ
を当然のことだと思っていますが、海外ではどうでしょう
か。実際はヨーロッパでももっと適当であり、鉄道の数分
遅れやキャンセルは当たり前です。このような良い面もあ
る反面、語学学習においては、必要な失敗すらも避けよう
としてしまうのでしょう。

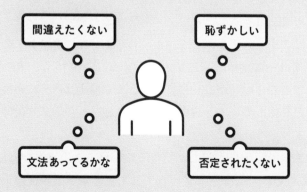

フィリピン人が英語を話せる理由は、ひとつにはもちろん毎日の生活に英語があるからでしょう。でもそれ以外にも、シリアスな理由があります。それは稼ぐためには英語が必須だということです。フィリピンで高給だと言われるような仕事は外資系の会社で働くことです。コールセンターやホテル勤務、オンライン英会話講師などもその中のひとつです。「英語が上手くなれば稼ぐことができる」それは日本でも同じかもしれません。でも彼らの場合は必死なのです。衣食住が生まれた時から整っている日本人にはちょっと想像することが難しいかもしれません。実際「日本へ行ってみたい」と憧れている人も多いんですよ。

　そして忘れてはいけないのは、フィリピン人の間違いを互いに許す大らかな気質、人と話すことを楽しめるホスピタリティーです。

　例えば、フィリピンの中でも、英会話学校の先生は文法もしっかりしており、英語も上級者ばかりですが、街に出ればみんながそうではありません。でも上手な英語でなくても彼らは臆することなく、必要なことを英語で伝えようとしますし、恥ずかしがったりもしません。タクシーのドライバーは当然TOEIC満点ではないでしょうし、難しい単語も知らないかもしれません。でも彼らは自分に必要な言葉を知っていて、普通に英語で会話をしています。

　シャイな上に正解にこだわるのが日本人の気質ならば、「失敗を怖がるな」と言われてもすぐに変えるのは難しいかもしれません。なぜなら自分の間違いを指摘されると、

あたかも「自分を否定された」ように受け取る癖がついてしまっているからです。決して「間違い＝自分」ではないのですが、それが日本人にとっては難しい考え方なのですね。日本人がクリティカルシンキングが苦手なのも同じような理由だと言われています。

でも日常的に誰もが使うシンプルなフレーズならどうでしょうか。短いフレーズなら覚えてしまうこともできますし、少しずつ基本の表現を使い回して、自分の気持ちを伝えることもできます。何度も繰り返して、自然に言えるようになれば、間違いを心配することなく、堂々と口にすることができるようになるはずです。

多くの日本人が「ありがとう」と伝えたい時に、自然に「Thank you」と言うことができるように。

長い道のりも、はじめは小さな一歩からです。

出典：EFエデュケーション・ファースト　世界最大の英語能力指数ランキング

サンフランシスコ留学中こぼれ話　2

Lの発音

　25歳で英語を本格的に学び始めた私は、会社員として働きながら週末は英会話スクールへ通いました。定期的に受けていたTOEICのスコアは少しずつアップし、730点になりました。

　730点といえば「適切なコミュニケーションができる素地を備えている」という上から2番目のレベルです。そこで留学をした私は、ちょっとだけ持っていた自信が最初の1週間であっという間に打ち砕かれました。

　忘れられないのが発音問題です。日本人は「R」の発音ができないというのが定説ですが、実は問題なのは「R」よりも「L」の方でした。例えば、こんな感じです。

I didn't sleep well yesterday.

（昨日はあんまり眠れなかったよ）

What class are you in?

（どこのクラスなの？）

I liked playing with papers at home in childhood.

（子どもの時は家で紙を使って遊ぶのが好きだった）

　これらすべて「L」が重要な単語を使った文です。自分ではこの内容をスピーキングしているつもりなのに、なぜか相手に「？？？」みたいな顔をされてしまうのです。

　講師はもちろん「日本人はRとLの発音が苦手」と知っているので理解してくれました。でもクラスメイトはまったく理解してくれないのです。スペイン語もポルトガル語もRとLの発音があるので、彼らは苦もなくリスニングも

発音もできるわけです。

　講師はLの発音のコツも教えてくれました。舌を丸めて、上喉と前歯の裏側にくっつけるような感じで……。でもこれが難しくてうまくできません。さらに、LとRの単語は、なんだかよく使うんですよ。なるべくLを使わないように話そうと思っても、それができない。だからペンと紙を必ず持ち歩いて、通じていないと思った時は書いてみせました。

　今でも日本では「L」の発音が難しいという話はあまり耳にしません。私ができなかっただけ？と思っていたのですが、フィリピンやヨーロッパでも日本人は「L」ができていないと認識している人がいるようでした。どうして日本で「L」問題が話題にならないのか不思議ですね。

PART
3

ティーンまでに覚える表現

これまでに覚えたパターンや単語をアレンジすることで会話の幅がぐんと広がり、大人がよく直面するような場面でも使える表現がたくさん出てきます。また、少し大人びた言いまわし、小粋な表現も。

201

Is this seat taken?

この席、空いてますか？

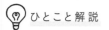

A : **Pardon me, is this seat taken?**
すみません、ここ空いてますか？

B : **No, go ahead.**
はい、どうぞ。

🔗 一緒に覚えよう！

Is this seat available?
座ってもいいですか？

💡 ひとこと解説 ┃ takeには実にたくさんの意味があるように感じますが、コアイメージは「手にしてる、〜になる」です。

202

I'd rather not.

遠慮します。／あまりしたくないです。

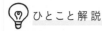

A : **Do you want to come to my house?**
僕の家に来ない？

B : **I'd rather not.**
遠慮しておくわ。

🔗 一緒に覚えよう！

I'd rather not talk about it now.
今はその話は遠慮しておきます。

💡 ひとこと解説 ┃ やんわり断る時に使いたい便利フレーズ。誘われた時などの返答がNo, I don't. だとかなりストレートになります。

203 I know how you feel.

気持ちはわかるよ。

\ こんな時に /

A : She left me last week. I'm...doomed.
彼女と先週別れたんだ。もう……おしまいだよ。

B : Oh, I know how you feel.
そうか、気持ちはわかるよ。

 一緒に覚えよう！

I understand how you feel completely.
気持ちはすごくわかります。

ひとこと解説 ┃┃ 同感や同情を表す決まり文句です。I feel you. なども同じ意味で使うことができます。

204 I wish I could.

そうできればいいんだけど。

\ こんな時に /

A : Do you want to come over to my house this weekend?
週末家に遊びに来ませんか？

B : I wish I could.
そうできればよかったんだけど、ダメなの。

 一緒に覚えよう！

I wish I spoke English.
英語が話せればよかったんだけど。

ひとこと解説 ┃┃ この場合のwishは後悔です。I wish I could.＝そうできればよかった。（でもできない）という現実を表します。

205 I'm so proud of you.

私も嬉しいです。

A : I passed the exam yesterday!
昨日試験に合格したよ!

B : Amazing! I'm so proud of you.
すごい! 私も嬉しいよ。

🔗 一緒に覚えよう!

I think you tried your best.
あなたはよくやったと思います。

💡 ひとこと解説 ┃ 定番のほめ言葉です。「proud=誇りに思う」ですが、この場合はもっとカジュアルな意味です。

206 I'm stuck in traffic.

渋滞にはまってます。

\ こんな時に /

A : Where are you? I'm still waiting for you!
今どこにいるんですか? ずっと待ってるんだけど!

B : I'm stuck in traffic.
渋滞にはまってます。

🔗 一緒に覚えよう!

I'm really stuck.
本当に行き詰まってます。

💡 ひとこと解説 ┃ I'm stuckは物理的な意味だけではなく、精神的に身動きが取れなくなった時にも使われます。

138

207

The sooner the better.

早ければ早いほどいい。

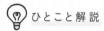

A: The sooner the better, don't you agree?
早ければ早いほどいいよね?

B: Yes, I do.
そうだね。

🔗 一緒に覚えよう!

Can you do it as soon as possible?
できるだけ早くやってもらえますか?

💡 ひとこと解説 || この表現は The sooner something gets done, the better things will be. の省略形です。

208

It's up to you.

あなたの好きな方でいいよ。

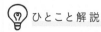

A: What do you want to eat?
何を食べたい?

B: It's up to you.
君にお任せしますよ。

🔗 一緒に覚えよう!

What are you up to today?
今日はどんな予定ですか?

💡 ひとこと解説 || 「それはあなた次第です=あなたの好きな方でいいよ」という意味です。It depends on you. も同じ意味です。

Just bring yourself.

何も持ってこなくていいよ。

\ こんな時に /

A: Shall I bring anything to the party?
パーティには何を持っていこうか？

B: Just bring yourself.
何も持ってこなくていいよ。

🔗 一緒に覚えよう！

Can you help me bring in the groceries?
買ったものを運んでもらえますか？

💡 ひとこと解説 ｜｜ 「あなただけ持ってきてね＝何も持ってこなくていいよ」となります。パーティや外出の時などに使われます。

I ran into Ken today.

今日、ケンにばったり会った。

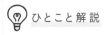
\ こんな時に /

A: I ran into Ken today.
今日、ケンにばったり会ったよ。

B: Did you? Was he well?
そうなんだ。元気だった？

🔗 一緒に覚えよう！

We ran into bad weather.
ひどい天気にでくわした。

💡 ひとこと解説 ｜｜ run intoは「ばったり出会う」という意味の句動詞です。様々な場面で使われるので、都度日本語訳は変わることがあります。

Should I call her?

電話した方がいい？

\ こんな時に /

A : Should I <u>call</u> her?
彼女に電話した方がいい？

> この場合「電話する」の意味

B : I'm sure she'll call you back.
きっとまた電話してくるよ。

 一緒に覚えよう！

Where should I throw this away?
これはどこに捨てればいい？

ひとこと解説 | shouldを使って「〜すべきですか？」とわからないことや自信がないことに対しての、自分への助言を求めます。

Why don't you like him?

どうして彼のことが嫌いなの？

\ こんな時に /

A : Why don't you like him?
どうして彼のことが嫌いなの？

B : Because he is sometimes mean to me.
だって時々意地悪だから。

 一緒に覚えよう！

Why don't you use this?
これを使ってみたら？

ひとこと解説 | 「〜したらどう？」というHow about...? と同様の意味でもよく使います。

213 I'm out of ideas.

ネタ切れです。

A : I'm out of ideas. Can you think of anything else?
ネタ切れなんだ。他に何かあるかな？

B : Nope.
ううん。

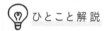 一緒に覚えよう！

I'm running out of patience.
もう我慢の限界です。

> **ひとこと解説** │「アイデアの外にいる＝ネタ切れです」という意味です。他にもideaの部分を変えて、cash、timeなどで使うことができます。

---

214 It's a greenish color.

緑っぽい色です。

A : What color did you make it?
どんな色にしたんですか？

B : It's a greenish color.
緑っぽい色です。

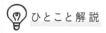 一緒に覚えよう！

It was childish handwriting.
子供みたいな字でした。

> **ひとこと解説** │ishはカジュアルな表現で「〜ごろ、〜くらいの」を意味します。特に若者は日常的に使う印象です。

215

I have a favor to ask.

お願いがあるんだけど。

\ こんな時に /

A: I have a favor to ask. Open this please.
お願いがあるんだけど。これ開けて。

B: (opens jar) Here you go!
(瓶を開ける)どうぞ!

一緒に覚えよう!

She called to ask me a favor.
彼女はお願いするために電話してきた。

 ひとこと解説 ┃ favorはfavoriteの名詞形で、好意やお願いという意味です。この場合は「お願い」の意味となります。

216

Sorry but I won't make it in time.

ごめん、間に合わない。

\ こんな時に /

A: Sorry but I won't make it in time.
ごめん、間に合わない。

B: I'll go on ahead, we can catch up later.
じゃあ先に行くから、あとで会おう。

一緒に覚えよう!

We didn't expect him to make it.
私たちは彼が成功するとは思っていなかった。

 ひとこと解説 ┃ Sorry butで「悪いけど」という意味になります。I'm sorry, but...の省略形です。

217

Let's grab a bite to eat.

何かちょっと食べようか。

\ こんな時に /

A : I'm really hungry.
すごくお腹が空いた。

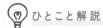
強調のreally

B : Let's grab a bite to eat.
何かちょっと食べようか。

🔗 一緒に覚えよう！

You'll feel better once you've had a bite.
一口食べたら気分がよくなるよ。

💡 ひとこと解説
┃┃ grabは「つかむ、食べる」という意味があり、この場合は「食べる」になります。a biteで「ちょっとだけ」になります。

218

I'll tell you as soon as possible.

できるだけ早く話すよ。

\ こんな時に /

A : What were the results of the test?
テストの結果はどうだった？

B : I'll tell you as soon as possible.
できるだけ早く話すよ。

🔗 一緒に覚えよう！

I'll give it my best shot.
できる限りやってみます。

💡 ひとこと解説
┃┃ as soon as possibleで「できるだけ早く」です。メールなどではASAPと省略することもあります。

219 I didn't manage to finish.

最後まで終わらせられなかった。

\ こんな時に /

A: Is your work done?
仕事は終わったの？

B: Not really, I didn't manage to finish.
そうでもない。最後までは終わらせられなかったよ。

ㅇㅇ 一緒に覚えよう！

I managed to pass the test.
なんとか試験をパスした。

 ひとこと解説 | manage to＝なんとかやり遂げる、という意味の表現で、過去形で使うことがほとんどです。

---

220 Do you mind moving over a little?

ちょっと詰めてくれる？

\ こんな時に /

A: Do you mind moving over a little?
ちょっと詰めてくれますか？

B: Sure.
もちろん。

ㅇㅇ 一緒に覚えよう！

Can you move over a little?
ちょっと詰めてもらえますか？

 ひとこと解説 | Do you mind＝～を気にしますか？という許可、確認の疑問文。返事はNoが日本語の「はい、いいですよ」になります。

221 > Why don't you ask Risa?

リサに聞いてみたらどう？

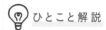

A：Why don't you ask Risa?
リサに聞いてみたらどう？

B：Risa? That girl? I don't know her very well...
リサ？ あの女の子？ 私よく知らないんだけど……。

⚭ 一緒に覚えよう！

Why don't you come with us?
一緒に来ませんか？

💡 ひとこと解説 ┃ この場合のWhy don't...はHow about...のように提案を意味します。

---

222 > First come, first served.

先着順です。

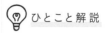

A：How will they give out the free tickets?
無料チケットはどうやって配布されるんだろう？

B：First come, first served.
先着順です。

⚭ 一緒に覚えよう！

At first glance, it looks complicated.
一見、すごく混みいってるように見えます。

💡 ひとこと解説 ┃ 「先着順、早い者勝ち」を表すフレーズです。また、省略してFCFSと書かれることもあります。

223 I'm trying to lose weight.

体重を減らそうと思ってるんだ。

\ こんな時に /

A : You eat like a bird!
ずいぶん小食だね。

「鳥のように食べる」＝小食

B : Yeah, I'm trying to lose weight.
うん、体重をちょっと減らそうと思ってね。

 一緒に覚えよう！

I'm planning to save money.
お金を節約しようと思ってます。

ひとこと解説 | 「I'm trying to...＝〜しようとしている」です。これから取り組もうと思っていることに対して使います。

224 Turn on the air conditioner, please.

エアコンつけてくれる？

\ こんな時に /

A : Turn on the air conditioner, please.
エアコンつけてくれる？

B : Okay, no problem.
いいよ。

 一緒に覚えよう！

Turn off the motorway at the next exit.
次の出口で高速を降りてください。

ひとこと解説 | turn on＝スイッチを入れる、という意味の句動詞です。消す時はturn offです。

225

How far is it from here?

ここからどのくらいの距離ですか？

A : How far is it from here?
ここからどのくらいの距離ですか？

B : It's about a five minute walk.
歩いて5分くらいですよ。

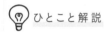 一 緒 に 覚 え よ う !

How long does it take to get to the hotel?
ホテルまでどれくらいかかりますか？

ひ と こ と 解 説 ┃ How farは距離、How longは時間・期間の長さを聞く時に使います。

226

It really moved me.

すごく感動した。

\ こ ん な 時 に /

A : So, you like Mission Impossible?
ミッション・インポッシブル好き？

B : Yes, I love it. It really moved me.
うん、大好き。すごく感動したもの。

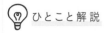 一 緒 に 覚 え よ う !

She was deeply moved by the letter.
彼女はその手紙に感動しました。

ひ と こ と 解 説 ┃ It was really moving.（すごく感動した）と品詞を変えて、同じ意味にすることもできます。

148

227

I nearly made a mistake.

あやうく間違うところだった。

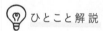

A: Hey, we have to turn right here.
ねえ、ここ右に曲がらないと。

B: Oops, I nearly made a mistake.
おっと、あやうく間違えるところだった。

🔗 一緒に覚えよう！

I've nearly finished that book you lent me.
貸してくれた本、もう少しで終わります。

💡 ひとこと解説 ┃┃ nearlyは「もう少しで〜するところ」の意味があります。動詞は過去形を使います。

228

It is going to rain this evening.

夕方には雨になりそう。

\ こんな時に /

A: It is going to rain this evening.
夕方には雨になりそう。

B: Really? I was planning to go to a baseball game.
そうなの？ これから野球見に行くつもりだったのに。

🔗 一緒に覚えよう！

Are you going to go to his party tomorrow?
明日彼のパーティに行く？

💡 ひとこと解説 ┃┃ It might rain. のような言い方もできます。こちらは確信度が少しだけ低くなります。

229 It's worth it.

それだけの価値があるよ。

＼ こんな時に ／

A : Guess what? I paid $2000 for this car.
驚くなよ。この車に2000ドルかかってるんだ。

B : Really? It's worth it.
そうなの？ まあそれだけの価値があるよね。

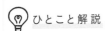 一緒に覚えよう！

It's worth taking the time to learn a new skill.
新しいスキルを学ぶために時間をかける価値があります。

ひとこと解説 ｜｜ 日本人にとっては発音の区別が難しい「worse（最悪）」との混同に注意しましょう。

---

230 Who wants to go first?

誰が最初にやりますか？

＼ こんな時に ／

A : Who wants to go first? Anyone?
誰が最初にやりますか？ 誰か？

B : Me, I'll go.
あ、私がやりたいです。

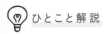 一緒に覚えよう！

Let's decide with rock, paper, scissors.
じゃんけんで決めよう。

ひとこと解説 ｜｜ 自己紹介やゲームの順番など「誰が最初？」と聞きたい時の表現です。

Do you want to hang out?

231

遊びに行かない？

\ こんな時に /

A : Do you want to hang out?
遊びに行かない？

B : Sure. Who with?
いいよ。他に誰がいるの？

 一緒に覚えよう！

Who are you hanging out with these days?
最近誰と遊んでいますか？

💡 ひとこと解説 ‖ playは子供の遊びに対して使います。大人の「遊ぶ」に対してはhang outを使います。

That looks good on you.

232

似合っているよ。

\ こんな時に /

A : How do you like my new dress?
新しいワンピースどうかな？

B : That looks good on you.
よく似合ってるよ。

 一緒に覚えよう！

The roads look very icy.
道路が凍ってるみたい。

💡 ひとこと解説 ‖ 洋服やモノ、色が「似合う」時に言います。外見をほめる言い方は色々あります。

233 I appreciate it.

感謝します。

＼ こんな時に ／

A: No worries. I already moved the lesson.
心配しないで。レッスンは変更しました。

B: Thank you. I appreciate it.
ありがとう。感謝します。

⊷ 一緒に覚えよう！

Any help would be greatly appreciated.
どんな協力でも、大変ありがたいです。

💡 ひとこと解説 ｜｜ かしこまった言い方でフォーマルです。決してThank you. がインフォーマルなわけではありません。

---

234 He's strange in a good way.

彼はいい意味で変わってる。

＼ こんな時に ／

A: He's strange in a good way.
彼はいい意味で変わってる。

B: I agree with you.
同感だよ。

⊷ 一緒に覚えよう！

Don't worry. It's just his way.
ご心配なく。それが彼のやり方だから。

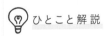

💡 ひとこと解説 ｜｜ 「いい意味で」と伝えたい時の定番表現です。in a bad wayは「悪い意味で」となります。

She's in a bad mood today.

彼女は今日機嫌が悪い。

\ こんな時に /

A : Hey, she's in a bad mood today, isn't she?
ねえ、彼女今日機嫌悪いよね。

B : She said she overslept and didn't have breakfast.
寝坊して朝ごはんを食べてないんだって。

⚞ 一緒に覚えよう！

She is always grumpy.
彼女はいつも不機嫌だ。

ひとこと解説 | I'm in a good mood.（機嫌がいい）です。put 人 in a good/bad mood（～のせいで、上機嫌／不機嫌になった）となります。

If you're free, you have to come.

暇だったら、来た方がいいよ。

\ こんな時に /

A : If you're free, you have to come.
暇だったら、来た方がいいよ。

B : Absolutely.
絶対行くよ。

⚞ 一緒に覚えよう！

Do you have time now?
今ちょっと時間ある？

ひとこと解説 | If（仮定）はこのようにふたつの文を組み合わせて、様々な場面で使います。

It's too early to tell.

それはまだわからないな。

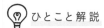

A : Has the medicine started working?
薬が効き始めましたか？

B : It's too early to tell.
それはまだわからないな。

📎 一緒に覚えよう！

You're too young to get married.
結婚するにはまだ若すぎる。

💡 ひとこと解説 ｜ tell＝伝える、ですが、後ろに「人」が続かない「tell」は「わかる」という全く違う意味になります。

I ended up not going anywhere.

結局、どこにも行かなかった。

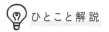

A : Did you have the day off today?
今日お休みだったの？

B : Yes, but I ended up not going anywhere.
うん、でも結局どこにも行かなかった。

📎 一緒に覚えよう！

I ended up being late for class.
私は、結局授業に遅刻した。

💡 ひとこと解説 ｜ 「最後には〜になる、結局〜することになる」という意味の句動詞。ended upは過去形になります。

I deleted that file by mistake.

間違えてファイルを削除しちゃった。

\ こんな時に /

A : Sorry, I deleted that file by mistake.
ごめん、ファイルを間違えて削除しちゃった。

B : Understood. But be more careful, okay?
わかった。でも次からは気をつけて。

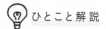 一緒に覚えよう!

I put the photo on Instagram.
写真をインスタグラムにアップした。

💡 ひとこと解説 | by mistakeで、不注意が原因の「間違えて〜をする」という意味になります。

Hopefully, you'll like it.

気に入ってくれたらいいな。

\ こんな時に /

A : I brought you a gift. Hopefully, you'll like it.
プレゼントがあるんだ。気に入ってくれるといいな。

B : Oh, you shouldn't have. Thanks!
そんな、いいのに。ありがとう!

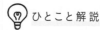 一緒に覚えよう!

Hopefully, I'll be back home by ten o'clock.
できれば10時までに帰ってくるよ。

💡 ひとこと解説 | hopefullyで「できれば〜したいな、〜だといいね」という意味です。I hopeと同様の意味です。

How do you like Japan?

241

日本はどうですか？

A : How do you like Japan?
日本はどうですか？

B : I love it. People are friendly and the food is good.
大好きです。人は親切だし、食事は美味しいし。

How would you like your steak?
ステーキの焼き加減はどうしましょうか？

ひとこと解説 | Yes, No以上の感想や意見を聞きます。好きか嫌いか、その理由は何かをゆるく聞く時に使います。

I'll take care of it.

242

私がやっておきます。

A : Do you think you're responsible enough to take care of a pet?
あなたにペットの世話ができると思うの？

B : Yes, I believe I am. I'll take care of it.
うん、できるよ。ちゃんと世話します。

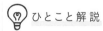

I'll take care of the rest.
残りは私がやりましょう。

ひとこと解説 | take care of...で「世話する、手配する」という意味になります。Take care. は別れ際の挨拶でも使います。

I'm here to return this book.

243

この本を返しに来ました。

\ こんな時に /

A: How can I help you?
どのようなご用件ですか？

B: I'm here to return this book.
この本を返しに来ました。

一緒に覚えよう！

I'm here to meet Mr. Smith.
スミスさんに会いに来ました。

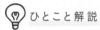 ひとこと解説 | I'm here to...=〜するためにここにいる、という意味です。toの後ろの言葉で訪問の目的を伝えることができます。

Can I take a rain check?

244

またの機会にしてもらえる？

\ こんな時に /

A: Do you want to come to the party?
あなたもパーティに来る？

B: Thank you for asking, but can I take a rain check?
ありがとう、でもまたの機会にしてくれる？

一緒に覚えよう！

Is it okay to change the schedule?
スケジュールを変更することはできますか？

 ひとこと解説 | postpone（延期する）と同じ意味のイディオムです。使えずとも聞いた時に理解できることが大事です。

245

I have a lot on my plate.

やるべきことがたくさんある。

\ こんな時に /

A : Can you help me with this later?
これ、あとで手伝ってくれる?

B : Sorry, I can't. I have a lot on my plate.
ごめん、無理だ。やることが山ほどあってね。

 一緒に覚えよう!

I am very busy.
すごく忙しいんだ

💡 ひとこと解説 | お皿にたくさん載っている=やることがたくさんある、という比喩的な表現。キャパオーバーの時などに使います。

246

I'm a morning person.

朝型人間です。

\ こんな時に /

A : You get up at 5 every morning? That's so crazy!
毎朝5時に起きてるの? すごいね!

B : Not really. I'm a morning person anyway.
そうでもないよ。僕、朝型人間だから。

 一緒に覚えよう!

I'm a night owl.
夜型人間です。

💡 ひとこと解説 | 「朝が得意」を表現するフレーズです。You are an early bird.(早起きですね)というイディオムもあります。

247

I'll have what he's having.

私にも彼と同じものをください。

\ こんな時に /

A : Excuse me, are you ready to order?
失礼します、ご注文はお決まりですか?

B : Oh...well, I'll have what he's having.
ええと…私にも彼と同じものをください。

🔗 一緒に覚えよう!

Same for me.
同じものをください。

> 💡 ひとこと解説 | 例えば、レストランで隣の人の食べ物が美味しそう! 同じ物を注文したい、そんな時に使います。

248

I'll keep that in mind.

覚えておくよ。

\ こんな時に /

A : The garbage has to be out by 9:30.
ゴミは9時半までに出さないといけないからね。

B : I'll keep that in mind.
覚えておくよ。

🔗 一緒に覚えよう!

Please make sure not to forget, okay?
忘れずにやってくださいね。

> ひとこと解説 | keep in mind=心にとめる、です。「忘れないようにします(心に留めておきます)」と言いたい時に使える表現です。

I owe you one.

1つ借りができたな。

＼ こんな時に ／

A：Thanks for your advice. I owe you one.
アドバイスをありがとう。これで1つ借りができちゃったな。

B：It wasn't a big deal. Don't worry about it.
大したことじゃないって。気にしなくていいよ。

 一緒に覚えよう！

You owe me one.
貸しが1つできたぞ。

💡 ひとこと解説 ┃┃ 相手のおかげと言う時の決まり文句です。日本でも「借りができた」という言葉がありますね。

I'm all ears.

ぜひ聞かせて。

＼ こんな時に ／

A：Can I talk to you about something?
相談があるんだけど。

B：Of course, I'm all ears!
もちろん。ぜひ聞かせて。

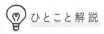 一緒に覚えよう！

I fancy going to Paris this year.
今年はぜひパリに行きたいな。

💡 ひとこと解説 ┃┃ 体全体が耳になるくらい、興味津々ということを伝える表現。真剣に聞くからという意思表示でもあります。

251

It happens a lot.

よくあることだよ。

PART3 ティーンまでに覚える表現

\ こんな時に /

A: I deleted the data again by mistake.
また間違えてデータ消しちゃったよ。

B: It happens a lot. Never mind.
よくあることだって。気にするなよ。

一緒に覚えよう！

It always happens.
いつものことだよ。

ひとこと解説 ｜ It happens.(よくあることだよ)と励ましたり慰めたりする表現です。

252

I'll see what I can do.

ちょっと、やってみます。

\ こんな時に /

A: Can you fix my car by tomorrow?
明日までに車修理できる?

B: I can't promise, but I'll see what I can do.
約束はできないけど、やってみます。

一緒に覚えよう！

I'll give it a go.
やってみます。

ひとこと解説 ｜ 頼みごとをされた際の返答のフレーズです。「できる限りのことをしてみる」という意味があります。

I'd like to check-in.

チェックインをしたいのですが。

\ こんな時に /

A: I'd like to check-in.
チェックインをしたいのですが。

B: Sure. May I have your name?
かしこまりました。お名前をいただけますか。

 一緒に覚えよう！

I'd like to have a cup of coffee.
コーヒーをお願いします。

💡 ひとこと解説 ┃┃ I would like toの省略形です。「I want to...=〜したい」をより丁寧にした表現です。

We're running out of time.

時間がなくなってきた。

\ こんな時に /

A: Okay, we're running out of time.
さあ、そろそろ時間がなくなってきましたよ。

B: Can we schedule another meeting this week?
今週もう一度ミーティングできますか？

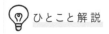 一緒に覚えよう！

We're running out of toilet paper.
トイレットペーパーがなくなりそうだ。

💡 ひとこと解説 ┃┃ 「run out of...=〜がなくなる。〜を切らす」という意味です。

255 > What else do you have?

他にはどんなものがありますか？

\ こんな時に /

A : What else do you have?
他にはどんなものがありますか？

B : We have different colors.
色違いもありますよ。

 一緒に覚えよう！

What else can I do for you?
何か他にご用件はありますか？

ひとこと解説 | elseは「他に」という意味の副詞です。追加する物や事を確認する表現です。

256 > What can I do for you?

ご用件は何でしょうか。

\ こんな時に /

A : What can I do for you?
ご用件は何でしょうか。

B : I would like to check-out, please.
チェックアウトをお願いします。

 一緒に覚えよう！

What can I do for you today?
（美容院などで）今日はどうしましょうか？

ひとこと解説 | May I help you? と同様に、受付やショップでの鉄板フレーズです。

How come you know?

どうして知ってるの？

A: I hear you were promoted! Congratulations!
昇進したんだって！おめでとう！

B: How come you know?
どうして知ってるの？

🔗 一緒に覚えよう！

How come you were late?
どうして遅れたの？

💡 ひとこと解説

Whyと同様の意味です。Whyはフォーマルにも使えますが、How come...? はぐっとカジュアルです。

No offense.

気を悪くしないでね。

A: No offense, but I don't agree.
気を悪くしないでほしいのだけど、賛成できない。

B: None taken.
気にしませんよ。

🔗 一緒に覚えよう！

No hard feelings.
悪く思わないでくれ。

💡 ひとこと解説

「攻撃じゃない＝気を悪くしないで」という意味です。返事は「受け取ってない＝大丈夫だよ」という意味でNone taken. と返します。

259

I'm supposed to finish at six.

6時には終わるはず。

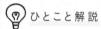
＼ こんな時に ／

A : What time do you finish work today?
今日、何時に仕事終わるの?

B : I'm supposed to finish at six.
6時には終わるはず。

 一緒に覚えよう!

You are not supposed to smoke here.
ここではタバコを吸ってはいけないはずですよ。

💡 ひとこと解説 | be supposed to＝「こうなるはずだった、ルールは こうなってる」という意味で、日常的によく使われま す。

260

What's that all about?

それはどういうことなの?

＼ こんな時に ／

A : Today's meeting got cancelled.
今日の会議、キャンセルになったんだ。

B : What's that all about?
それってどういうこと?

 一緒に覚えよう!

What do you mean?
どういう意味ですか?

💡 ひとこと解説 | 強調のall。事柄について、もっと詳しくその内容を知 りたいという気持ちを表現します。

Don't get me wrong.

誤解しないでね。

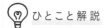

A: Got it, you won't be there. Noted.
わかった、あなたは来ないのね。了解。

B: Don't get me wrong. I hate to miss out, but I have to work.
誤解しないで。行きたいんだけど、仕事があるんだ。

🔗 一緒に覚えよう!

I didn't mean it.
そういう意味じゃないんだ。

💡 ひとこと解説 | 前の発言をカバーする意味合いで、よく使います。「そういう意味じゃないから誤解しないでね」というニュアンス。

Something came up.

急用ができた。

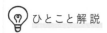

A: I've got to go. Something came up.
行かなくちゃ。急用ができたんだ。

B: Oh, alright? Take care.
そうなの? 気をつけてね。

🔗 一緒に覚えよう!

I gotta go.
もう行かないと。

💡 ひとこと解説 | 「ちょっとしたことがやってきた＝ちょっと用事がある」となります。待ち合わせに遅れたり、予定を断る時に使えるフレーズです。

You know what I mean.

私の言いたいことはわかるでしょ。

＼ こんな時に ／

**A：We still have a Glass Ceiling.
You know what I mean.**
いまだに「ガラスの天井」があるの。私の言ってる意味わかるでしょ?

B：Yeah.
もちろん。

🔗 一緒に覚えよう!

You know what I'm saying.
わかるよね?

 ひとこと解説 ┃「わかるでしょ?」の気持ちを共有したい時に使います。I know you know. のような言い方もあります。

She's bossy.

彼女はいばってる。

＼ こんな時に ／

A：I don't like Risa. She's bossy.
リサのことあんまり好きじゃない、だっていばってるんだもん。

B：Me neither.
私もあんまりだな。

🔗 一緒に覚えよう!

My dog is needy.
私の犬はかまってちゃんなんだ。

 ひとこと解説 ┃他にもneedy（かまってちゃん）pussy（しつこい）など、口語的な表現は色々あります。

265 | I worked out at the gym.

ジムで筋トレした。

A: **Oh, you look exhausted.**
なんだかへとへとみたいだね。

B: **Actually, I worked out at the gym.**
まあちょっと、ジムで筋トレしてたんだ。

🔗 一緒に覚えよう！

I usually do Yoga in the morning.
たいてい朝にヨガをします。

💡 ひとこと解説 | 日本語にもなっているように、I do execise. という言い方もあります。work outの方が「筋肉」重視の表現です。

---

266 | What do you do on your days off?

休みの日は何をしてますか？

A: **What do you do on your days off?**
休みの日は何をしてますか？

B: **I usually chill out in front of the TV at home.**
たいていは家でテレビの前でまったりしています。

🔗 一緒に覚えよう！

What do you usually do on the weekends?
週末はいつも何をしているの？

💡 ひとこと解説 | day offは「週の決められた休日」など、定期的な休みで「仕事が無い日」という意味です。holidayは「祝日」などを指します。

168

267 It slipped my mind.

つい忘れてました。

PART3 ティーンまでに覚える表現

＼ こんな時に ／

A : Hey, why didn't you come to the meeting?
ねえ、どうして会議に来なかったの？

B : Oh, sorry! It completely slipped my mind.
悪い！ すっかり忘れてた。

🔗 一 緒 に 覚 え よ う ！

I can't believe I forgot!
まさか忘れちゃうなんて！

💡 ひ と こ と 解 説 ┃┃ 「頭から滑り落ちた＝つい忘れた」という意味です。
I forgot.（忘れた）と同じ意味になります。

---

268 I want to chill at home today.

今日は家でゆっくりしたいな。

＼ こんな時に ／

A : What do you want to do later? The night is young.
このあとどうする？ 夜はこれからだよ。

B : Erm... I want to chill at home today.
今日は家でまったりしたいな。

🔗 一 緒 に 覚 え よ う ！

I just want to sit down and relax.
ちょっと座ってリラックスしたいんだ。

 ひ と こ と 解 説 ┃┃ もともと口語でchill（まったりする）という意味で使われていましたが、日本語でも「チルする」と使われるようになりました。

269 I might go shopping later.

あとで買い物に行くかもしれない。

A : What are your plans for this afternoon?
今日の午後の予定は？

B : I might go shopping later.
あとで買い物に行くかもしれない。

It might be hot, so be careful.
熱いかもしれないので、気をつけてくださいね。

💡 ひとこと解説 ｜｜「might＝かもしれない」です。You might know that（知ってるかもしれませんが）のように、あいまいな言い方ができます。

---

270 Can we reschedule?

日程を変更できますか？

A : Can we reschedule?
日程を変更できますか？

B : Let's see... how about tomorrow?
それでは、明日はどうですか？

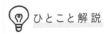

Can we change the schedule?
日程を変更できますか？

💡 ひとこと解説 ｜｜ reschedule＝予定を組み直す、です。日本でも「リスケする」のように使いますね。

What are you in the mood for?

今日は何をしたい気分？

A : What are you in the mood for?
今日は何をしたい気分？

B : I feel like eating out tonight.
今夜は外食したい気分だな。

🔗 一緒に覚えよう！

I'm in the mood for something sweet.
甘いものが食べたい気分。

💡 ひとこと解説　┃ in the mood forで「〜したい気分」です。in a bad mood.（機嫌が悪い）のような言い方もできます。

Can you look it up?

ちょっと調べてくれる？

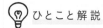

A : That seems wrong. Can you look it up?
ちょっとおかしいと思うんだ。調べてもらえますか？

B : Sure. Give me one second.
うん。ちょっと待ってね。

🔗 一緒に覚えよう！

You should Google it. I'm sure you'll find it right away.
ググったらすぐに見つかると思いますよ。

💡 ひとこと解説　┃ Look up＝気軽に調べる、という意味の句動詞です。check upも同じような意味になります。

273 > When did you get back from Okinawa?

いつ沖縄から戻ったんですか？

A : When did you get back from Okinawa?
いつ沖縄から戻ったんですか？

B : I just got back yesterday.
昨日戻ったばかりです。

一緒に覚えよう！

Let me get back to you on that.
その件に関しては折り返し連絡させて下さい。

ひとこと解説 | get backは「戻る、折り返す」という意味の句動詞です。replyと同じ意味でメールで使うこともできます。

274 > I'm feeling a bit under the weather.

ちょっと体調が悪いみたい。

A : Hey, you look pale.
ねえ、顔色が悪いよ。

B : Yeah, I'm feeling a bit under the weather.
ちょっと体調がイマイチなんだ。

> 「体調が悪い」という意味

一緒に覚えよう！

I'm not feeling well.
ちょっと気分が悪いです。

ひとこと解説 | 原因はわからないけど調子が悪いなど、体調不良全般に使われる表現です。

I've just missed my train.

電車に乗りそびれた。

\ こんな時に /

A: Good afternoon. How can I help you?
こんにちは。どうしましたか？

B: Erm… I've just missed my train.
ええと、電車に乗りそびれてしまったんです。

🔗 一緒に覚えよう！

Often I miss breakfast.
しばしば朝食を抜きます。

 ひとこと解説 ┃ miss＝逃がす、という意味で使われています。not make itも「間に合わない」という意味です。

I'm getting off here.

私はここで降ります。

\ こんな時に /

A: Oh, I'm getting off here.
あ、ここで降りますね。

B: Okay, it was nice talking to you.
わかりました、話せてよかったです。

🔗 一緒に覚えよう！

I got a letter this morning.
今朝手紙を受けとった。

 ひとこと解説 ┃ get off＝降りる、という意味です。乗り込む時はget onを使います。

What time does it get to Osaka?

277

大阪には何時に着きますか?

\ こんな時に /

A : What time does it get to Osaka?
大阪には何時に着きますか?

B : Well, at 18:30.
えーと、18時半です。

 一緒に覚えよう!

How long does it take to get to school?
学校までどれくらいかかりますか?

ひとこと解説 ┃ get to＝到着する、という意味の句動詞です。arrive と同じ意味になります。

May I ask your age?

278

年を聞いてもいいですか?

\ こんな時に /

A : May I ask your age for the application?
申請のために、年齢を聞いてもいいですか?

B : Sure. I'm 43.
いいですよ。43歳です。

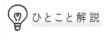 一緒に覚えよう!

Can I ask you a question?
質問してもいい?

ひとこと解説 ┃ May I...? ＝〜してもいいですか? という意味です。 Can I...? も同じような意味ですが、よりカジュアルです。

279 It's not that I'm upset.

怒ってるわけじゃないけど。

＼ こんな時に ／

A : Did I do something wrong?
私、何か悪いことしましたか？

B : It's not that I'm upset. I'm a little disappointed.
腹を立てているわけじゃないけど、ただちょっとがっかりしているだけ。

 一緒に覚えよう！

He annoys me.
彼はうざい。

💡 ひとこと解説 ｜｜ It's not that...＝～というわけじゃない、という意味です。

---

280 How did you guess?

どうして知ってるの？

＼ こんな時に ／

A : How did you guess?
どうして知ってるの？

B : I didn't know the answer, so I flipped a coin.
答えは知らないから、推測したんだ。

 一緒に覚えよう！

Guess when this was built.
いつ建築されたと思う？

💡 ひとこと解説 ｜｜ guessは、推測する、予想するという意味です。Guess what?（なんだと思う？）は決まり文句です。

Have you ever seen a Panda?

パンダを見たことある？

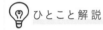
\ こんな時に /

A : Have you ever seen a Panda?
パンダを見たことある？

B : Yeah, I saw one in a zoo in Japan.
うん、日本の動物園で見たよ。

🔗 一緒に覚えよう！

I've lived in Tokyo since last year.
去年から東京に住んでます。

💡 ひとこと解説 ｜｜ Have you ever...で見たこと、行ったことなどの経験を聞く質問になります。

Unfortunately, I don't know exactly.

残念だけど、正確にはわからないんだ。

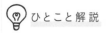
\ こんな時に /

A : Do you know anything about that?
そのことについて何か知ってますか？

B : Unfortunately, I don't know exactly.
残念だけど、正確にはわからないんだ。

🔗 一緒に覚えよう！

He shook his head sadly.
彼は残念そうに首を振った。

💡 ひとこと解説 ｜｜ Unfortunately＝残念だけど、という意味。期待に反する答えの場合は、最初に言うと内容がわかりやすくなります。

283

You're right in some ways.

それも一理あるね。

こんな時に

A : We'll never <u>see eye to eye</u> on this matter.
この件に関しては意見は一致しないだろうね。

> 意見があう

B : You're right in some ways.
それも一理ある。

 一緒に覚えよう！

You got three answers right and one wrong.
3つ正解、1つ不正解でした。

💡 ひとこと解説 || in some ways＝ある意味で、という意味なので「一理ありますね」という日本語訳になります。

PART3　ティーンまでに覚える表現

284

Don't bother.

おかまいなく。

こんな時に

A : I can pick up something for you at the store.
お店で何か買ってこようか？

B : Oh, don't bother. I'll get it myself.
おかまいなく。自分で買うからいいよ。

 一緒に覚えよう！

Please don't bother about me.
どうか私におかまいなく。

💡 ひとこと解説 || Don't bother me. だと「邪魔をしないで」に変わります。自動詞と他動詞の違いです。

285

It's nice and warm today.

今日は暖かくていいね。

A : It's like spring has come, isn't it?
まるで春が来たみたいだね?

B : Yeah, it's nice and warm today.
今日は暖かくていいね。

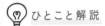 一緒に覚えよう!

The beer is nice and cold.
ビールが冷えてていい感じ。

💡 ひとこと解説 | nice and...=〜でいいね。いい感じだね。という意味です。「いい感じに〜だね」というニュアンスでよく使われます。

286

I'm kind of busy this week.

今週はちょっと忙しいんだ。

A : You look tired. Are you alright?
疲れているみたいだね。大丈夫?

B : I'm kind of busy this week.
今週はちょっと忙しいんだ。

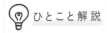 一緒に覚えよう!

It's kind of hot today.
今日はちょっと暑いね。

💡 ひとこと解説 | kind ofで、あいまいにしたい時に使います。「ちょっと、なんか」という、はっきりしないニュアンスです。

287 **The third from the top.**

上から3番目です。

\ こんな時に /

A : Do you know where the bigger dish is?
大きい皿がどこにあるか知ってますか？

B : It's on the third from the top.
上から3番目にあります。

 一緒に覚えよう！

Take the second right.
ふたつ目を右に曲がって。

ひとこと解説 | My second favorite snack is Oreo.（2番目のお気に入りはオレオです）のように、secondも同様に使います。

288 **How about the day after tomorrow?**

明後日はどうですか？

\ こんな時に /

A : How about the day after tomorrow?
明後日はどうですか？

B : That should work! Thanks.
それでお願いします！ありがとう。

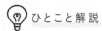 一緒に覚えよう！

How about watching a movie at home today?
今日は家で映画観るのはどう？

ひとこと解説 | 「How about...＝〜はどうですか？」という表現です。「おととい」はthe day before yesterdayと言います。

289 Are you with me?

ついてきてますか？／理解できてますか？

\ こんな時に /

A: **Are you with me <u>so far</u>, Ken?**
ケン、ここまで理解していますか？　ここまで

B: **Yes, carry on.**
はい、続けてください。

🔗 一緒に覚えよう！

How are things with you?
そっちはどうですか？

💡 ひとこと解説 ┃┃ 話している内容を、きちんと理解できているかを確認する時に使われます。決まり文句のひとつです。

290 I'm curious about this shop.

この店すごく気になる。

\ こんな時に /

A: **I'm curious about this shop.**
この店すごく気になる。

B: **Me too. Let's go in!**
私も。入ってみよう！

🔗 一緒に覚えよう！

I'm interested in the book you read.
あなたが読んでる本に興味があります。

💡 ひとこと解説 ┃┃ curious aboutで、好奇心をそそられることに対して使えます。interested inと同様の意味です。

291 I bet you'll pass the exam.

きっと試験にパスするよ。

\ こんな時に /

A : I'm so nervous about the coming test.
次のテストに、緊張してます。

B : Don't worry. I bet you'll pass the exam.
心配ないって。きっと試験にパスするよ。

🔗 一緒に覚えよう！

I bet (that) he won't come.
彼はきっと来ないと思う。

💡 ひとこと解説 | I bet. は「賭ける」という意味です。「ベットする＝賭ける」と日本語にもなっていますね。

292 Do you have size 11 in black?

黒のサイズ11はありますか？

\ こんな時に /

A : Do you have size 11 in black?
黒のサイズ11はありますか？

B : Let me check. I'll be right back.
確認します。すぐ戻りますね。

🔗 一緒に覚えよう！

We had a short walk after lunch.
昼食後に軽く散歩した。

 ひとこと解説 | 「〜色の」という時はin blackのような言い方をします。白い服の女性＝The woman in whiteのような感じです。

Would you excuse me for a minute?

293

ちょっと失礼します。

A : Would you excuse me for a minute? I just need to take this call.

ちょっと失礼します。電話に出る必要がありまして。

B : Oh, sure.

あ、わかりました。

🔗 一緒に覚えよう!

Excuse me. I'll be right back.

ちょっと失礼、すぐに戻ります。

💡 ひとこと解説

Excuse me. だけでもいいのですが、しばらく席を外さなければならなくなった時に、こういった言い方をします。

I can't make up my mind.

294

迷ってるんだ。

\ こんな時に /

A : Which one do you want?

どっちにするの?

B : I can't make up my mind.

決断する

迷ってるんだ。

🔗 一緒に覚えよう!

OK, I've made up my mind.

よし、決めた。

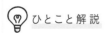
💡 ひとこと解説

決断できない時に使う表現です。makeには様々な使い方があります。

182

295

I can't stand her.

彼女にはもう我慢できないよ。

A: I can't stand her.
彼女にはもう我慢できないよ。

B: Oh, really? What happened?
ほんと? 何があったの?

🔗 一緒に覚えよう!

I can't stand being cold.
寒いのは我慢できない。

💡 ひとこと解説 ‖ I can't stand...は「〜に耐えられない、我慢できない」という意味があります。

296

I'm really into this book.

この本にハマってます。

\ こんな時に /

A: I'm really into this book.
この本にハマってるんだ。

B: That's great! What's it about?
いいね! 何についての本なの?

🔗 一緒に覚えよう!

I'm into cooking. What are you into?
私は料理にハマってるんだ。あなたは何にハマってる?

 ひとこと解説 ‖ 「I'm into...＝〜に夢中、ハマってる」という日本語にピッタリの英語表現です。be addicted to...も似た表現です。

297

I'm looking forward to it.

楽しみにしています。

A : **We can meet up next week.**
来週会いましょうね。

B : **Yeah, I'm looking forward to it.**
うん、楽しみにしています。

 一緒に覚えよう!

I can't wait to meet you.
あなたに会うのが楽しみです。

💡 ひとこと解説 | looking forward to...のtoは前置詞なので、後ろは名詞、または動名詞が続きます。

298

Don't worry, it's fine!

心配しないで、大丈夫だから。

A : **I'm sorry if I caused any trouble.**
迷惑をかけてしまっていたらすみません。

B : **Don't worry, it's fine!**
心配しないで、大丈夫だから。

 一緒に覚えよう!

There's no need to worry.
心配する必要はないよ。

💡 ひとこと解説 | I'm fine.＝元気です、という意味で覚えているかもしれませんが、「いりません。大丈夫です」など、場面によって様々な訳になります。

About how much will it cost?

だいたい、いくらですか？

PART3 ティーンまでに覚える表現

\ こんな時に /

A : About how much will it cost?
だいたい、いくらですか？

B : Around $100.
だいたい100ドルくらいかな。

 一緒に覚えよう！

We waited about 30 minutes for the bus.
もう30分くらいはバスを待ちました。

ひとこと解説 ｜ ざっくりした値段を知りたい時に言います。approximatelyは同様の意味ですが、よりフォーマルです。

Where can I get a taxi?

タクシーはどこで捕まえられますか？

\ こんな時に /

A : Where can I get a taxi?
タクシーはどこで捕まえられますか？

B : The taxis are at the east exit of the station.
タクシーは駅の東口にいるよ。

 一緒に覚えよう！

Where can I buy a ticket?
切符はどこで買えますか？

ひとこと解説 ｜ 旅先では必須の表現です。Where can I...で「どこで〜できますか？」という意味になります。

英語と日本語、決定的な違い

「空気を読む」という言葉は日本人ならきっと聞いたことがあるイディオムですね。空気が読めないと日本ではスムーズに生きていくことさえ難しいかもしれません。「空気を読む」とはその場の雰囲気を、言葉を介さずに理解することです。

でも、日本に住んでいれば当然と思うかもしれませんが、相手が話す言葉以上のものを推察し、理解することは、世界のスタンダードではありません。何かが書いてあるわけでもないのに「空気を読む」ことができるのは、同一言語・同一文化を特徴とする日本ならではの文化です。

このように言葉として表現された内容の行間に、それ以上の豊かな内容を含ませることをハイコンテクスト文化といいます。その対極にあるのが、ローコンテクスト文化といわれるもので、その代表的な言語が英語です。

下記の例文を見てください。

A：学校終わったら一緒に映画に行かない？

B：今日は親戚の家に行くんだ。

Aは映画に誘っていて、Bは断っているのがわかりますね。でもBは決して「No」という言葉は使っていません。それなのに私たちは、推察し理解してしまうのです。これがハイコンテクスト文化、日本語の特徴です。

では、これを英語で言う場合はどうなるでしょうか。

A: Do you want to watch the movie with me after school?

B: I wish I could. but I'm going to a relative's house.

英語にする場合は、例文「I wish I could.（そうできればよかったんだけど、できない）」のような、直接的な断りの言葉が必要です。これが**ローコンテクスト文化の英語の特徴で、すべてを言葉で表現します。**

日本語と英語では文化的な背景がまったく違います。ですから、日本語→英語にそのまま変換しようとすると、どうしても無理があったり、不自然な英語になってしまいます。

英語を話せるようになるためには、英語を英語のまま理解する英語脳になることが必要だと言われています。「どうして頭の中で日本語→英語に変換するのはダメなの？」と疑問に思っていた人も、こう考えると日本語をそのまま英語に訳すこと自体に無理があるということが腑に落ちるのではないでしょうか。

クリスマスチキン

クリスマスといえば、みなさんの「定番」は何ですか？

クリスマスツリーにイルミネーション、食べものはチキンの丸焼きにケーキなどでしょうか。

サンフランシスコで、ホストファミリーと一緒にクリスマスのお祝いをしました。クリスマスディナーでは骨付きのクリスマスハムをメインとして食べました。アメリカといえば、てっきりターキー（七面鳥）の丸焼きだと思っていたので、ちょっと驚いたのですが、ハムは日本でよくあるハムとは違っていて、肉肉しく、まさにメイン料理にふさわしいとても美味しい料理でした。

その時の話です。美味しくディナーをいただいている時

にママのマリアが言いました。

「ねえサクラ、聞いた話なんだけど、日本人はクリスマスにケンタッキーを食べるって本当なの？」

「ケンタッキー！？」

　他のホストファミリーのメンバーが声をあげました。みんな驚いた顔で私を見つめています。クリスマスにケンタッキー。そんなバカな、とでも言いたそうな顔です。

　確かに日本ではクリスマスにケンタッキーやモスチキン、またコンビニのチキンなどをメインとして食べる家庭もありますよね。全員がそうではないとしても、クリスマスイブにケンタッキーのお店にたくさんの人が並んでいるのを私も見たことがありました。

「確かに日本では、クリスマスにケンタッキーを食べる人

もいます。当日はお店もいつもより混んでいます」

　そう答えると、ホストファミリーのみんなは口々に信じられないと言いました。要するに「ケンタッキーのチキン＝ファストフード」だから、クリスマスのごちそうとしては食べない！ということなんです。

　この時は「そういうもんかー」とあんまり気にもしませんでしたが、その後も他の国の人から「日本ではクリスマスにケンタッキーを食べるのか？」と質問をされて、「そうだよ」と答えると驚かれることが度々ありました。

　どうでもいい話だと思うのですが、なぜか興味津々の海外の人たち。
　国も変われば……とは言いますが、色々ですね。

おわりに

　本書ではネイティブスピーカーが日常的によく使う言い回しや表現を「簡単→難しい」という順番で掲載しました。これらの表現は子どもが言葉を学んでいく過程をイメージしています。実際に子どもを持つ方ならイメージしやすいかと思いますが、子どもが言葉を獲得していく順番として、2語文、続いて3語文とステップアップします。最初は語彙数も限られていますし、長い文章を話すことはできません。それでも短い文を駆使しながら、きちんとコミュニケーションをとることはできるのです。このような言葉を獲得していく過程をイメージし、また常に身の回りのものや行動を意識することで語彙を増やしながら、英語力をアップさせていくのがこの本の狙いです。

　当然語彙力や作文力については個人差が出てくるものだとしても、結局はどれだけ英語に触れることができたのか、時間を使うことができたのかということが、結果に反映される

のは誰もが理解できることだと思います。

　でも、英語学習を継続していくことは言葉にするのはたやすいですが、実際は難しいですよね。よくわかります。**ではどうすれば継続することができるのでしょうか。**それはよく言われるように、やはり**「モチベーションがあること」**に尽きると思います。

　オンライン英会話講師として、多くの学習者と向き合ってきて感じたのは、**「なんとなく」英語を始めた人はやはり継続できずに、なんとなくやめてしまうことが多かった**ということです。もちろん継続できる仕掛けや飽きない方法なども大事だとは思いますが、それよりも前段階のモチベーションが一番大事なのではないかと、個人的には感じています。

ですから、これまでモチベーションについてあまり考えた
ことがなかった人にとっても、この本が英語について考える
きっかけになればいいなと思っています。**「英語を話せるよう
になりたい」とこの本を手に取ったみなさんが、英語を話し
たい理由は何でしょうか？**　ぜひ時間をとって考えてみてく
ださい。

　モチベーションをしっかりと持つことができた時、きっと
さらにこの本はみなさんの英語学習に役立つことができます。
そしてみなさん一人一人が、自分に必要な単語やフレーズを
身につけて、自分に自信を少し持つことができれば、きっと
世界は広がっていくでしょう。語学の学習は長い長い道のり
です。あせらずコツコツと、自分のペースで。ぜひ一人一人
が、話せる力をつけてほしいと心から願っています。

フレーズ３００一覧

43	You decide. あなたが決めてよ。	
44	I forgot! 忘れちゃった。	39

45	Please don't. やめて。	
46	I'm so excited! とても興奮しています!	40

47	My stomach hurts. お腹が痛い。	
48	Is that so? そうなの?	41

49	I'm so jealous. いいなあ。	
50	How was your day? 今日はどうだった?	42

51	I wonder why. 何でだろう。	
52	Keep it a secret. 秘密にしてね。	43

53	What a pain! 面倒だな。	
54	I guess so. たぶんそうだと思う。	44

55	I'll take it. これをください。	
56	I'll show you. 見せてあげる。	45

57	What do you think? どう思う?	
58	I didn't know that! 知らなかったよ!	46

59	How often? どのくらいの頻度で?	
60	I knew it. やっぱりね。	47

61	Why's that? どうして?	
62	Take your time. ゆっくりでいいよ。	48

63	It's my turn. 私の番だよ。	
64	Is that enough? それで足りる?	49

65	**Thanks for your help.** 手伝ってくれてありがとう。	
66	**I have a question.** 質問があります。	50

67	**That's not fair.** ずるいよ。	
68	**It's time to wake up!** 起きる時間だよ。	51

69	**I can't believe it!** 信じられない！	
70	**I miss you.** 寂しいな。	52

71	**I wanna eat something.** 何か食べたいな。	
72	**I'll be careful.** 気をつけます。	53

73	**I'll let you know.** あとで知らせるね。	
74	**I hope so.** そうだといいね。	54

75	**It depends.** 場合によるよ。	
76	**I'm getting hungry.** お腹が空いてきた。	55

77	**I can do it myself.** ひとりでできるよ。	
78	**How adorable!** すっごくかわいい。	56

79	**Not at all.** どういたしまして。	
80	**You want to?** ほしい？／やりたい？	57

81	**Keep it up.** その調子。／頑張れ！	
82	**Come on, hurry up.** ほら、急いで！	58

83	**I'm so annoyed.** すっごくイライラする。	
84	**Nice to meet you.** はじめまして。	59

85	**It was amazing.** すごくよかった。	
86	**Hi, how are you doing?** こんにちは、調子はどう？	60

109	**Here you go.** はい、どうぞ。	
110	**I'll write it down.** メモしておくよ。	80

111	**Do you have any siblings?** きょうだいはいますか？	
112	**Do you mean this?** こういうことですか？	81

113	**I doubt that.** それはどうかな。	
114	**Do you know who did it?** 誰がやったか知ってる？	82

115	**You are out of line.** 言いすぎだよ。	
116	**What does it taste like?** どんな味？	83

117	**Everyone does it.** みんなやってるよ。	
118	**I can't help it.** しょうがないな。	84

119	**You seem a bit tense.** 少し緊張しているみたいだね。	
120	**My pleasure.** どういたしまして。	85

121	**I can't buy that.** 信じられないな。	
122	**Is that the time?** もうこんな時間？	86

123	**I'd better hurry.** 急がなきゃ。	
124	**I love your shirt.** 素敵なシャツだね。	87

125	**Are you free now?** 今時間ある？	
126	**That looks delicious.** 美味しそう。	88

127	**Who told you?** 誰が君に言ったの？	
128	**Anything is fine.** どっちでもいいです。	89

129	**My family is close.** 私の家族は仲がいいです。	
130	**I have hay fever.** 花粉症です。	90

131	**I have an idea!** じゃあ、こうしましょう。	
132	**Come and sit over here.** こっちに来て座って。	91

133	**Tell me what happened.** 何があったのか教えて。	
134	**Are you all right?** 大丈夫ですか？	92

135	**Where should we meet?** どこで会おうか？	
136	**That's a waste.** もったいない。	93

137	**You should try this.** これを試してみた方がいいよ。	
138	**I shouldn't have lied.** 嘘なんてつくんじゃなかった。	94

139	**It's not your fault.** 君のせいじゃないよ。	
140	**I need to go home.** そろそろ帰らなくちゃ。	95

141	**It's not a big deal.** 大したことじゃないよ。	
142	**How did it go?** 結果はどうだった？	96

143	**I think I understand.** わかると思う。	
144	**How many do you need?** いくついるの？	97

145	**What's that called?** それはなんていうの？	
146	**Where are you going?** どこに行くの？	98

147	**He's probably mad.** 彼はたぶん怒ってるね。	
148	**You must be tired.** 疲れているんだね。	99

149	**I've got a canker sore.** 口内炎ができた。	
150	**I'll pass on that.** それはやめておく。	100

151	**Say hi to him for me.** 彼によろしく伝えて。	
152	**I don't feel like it.** ちょっとその気になれない。	101

| 153 | **So far, so good.** 今のところ順調です。 |
| 154 | **It takes ten minutes.** 10分かかります。 |

102

| 155 | **Don't worry about it.** 気にしないで。 |
| 156 | **I used to.** 前はね。 |

103

| 157 | **What should I call you?** 君のことなんて呼べばいい？ |
| 158 | **I should have gone.** 行けばよかったな。 |

104

| 159 | **I'll be in touch.** また連絡しますね。 |
| 160 | **That's awesome!** すごいね！ |

105

| 161 | **It's been a while.** 久しぶりだね。 |
| 162 | **To go, please.** テイクアウトにします。 |

106

| 163 | **Can you make it?** 来られそう？ |
| 164 | **It's not my favorite.** あんまり好きじゃない。 |

107

| 165 | **I'm sorry to hear that.** それは残念だったね。 |
| 166 | **Are you in line?** 並んでますか？ |

108

| 167 | **You did that on purpose.** わざとでしょ。 |
| 168 | **Could you speak more slowly?** もっとゆっくり話してもらえますか？ |

109

| 169 | **Don't overdo it.** やりすぎないで！ |
| 170 | **What's he like?** 彼はどんな人？ |

110

| 171 | **Is something wrong?** 何かあったの？ |
| 172 | **I'll call you later.** あとでかけます。 |

111

173	**I'm finally done.** やっと終わった。	
174	**Where is the bathroom?** トイレはどこですか？	112

175	**Does it make sense?** 私の言っていることわかる？	
176	**I'm glad to hear that.** そう言ってもらえて嬉しい。	113

177	**Do you want some more?** もっと欲しい？	
178	**I tried everything.** 精一杯やったよ。	114

179	**One hundred percent!** 絶対そうだよ！	
180	**That disappoints me.** それはがっかり。	115

181	**I get lost easily.** すぐに道に迷うんだ。	
182	**It's your imagination.** 気のせいだよ。	116

183	**You have red eyes.** 目が充血してるよ。	
184	**That's all I need.** それだけで十分だよ。	117

185	**That makes you sad.** それは悲しいね。	
186	**I can't stop sneezing.** くしゃみが止まらない。	118

187	**It's almost time.** そろそろ時間ですよ。	
188	**I'm frustrated with myself.** すごく悔しいよ。	119

189	**I'm on the way.** 今、向かっています。	
190	**Is it still raining?** まだ雨が降っていますか？	120

191	**What does that mean?** それってどういう意味？	
192	**I agree with you.** あなたに賛成です。	121

193	**What sport do you like?** どのスポーツが好き？	
194	**What if my mom sees it?** もしもお母さんが見たらどうするの？	122

| 195 | **I'm sorry, I forgot.** ごめんなさい、忘れてた。 | |
| 196 | **You are such a stingy person.** ケチだなあ。 | 123 |

| 197 | **You made my day.** あなたのおかげでよい1日になった。 | |
| 198 | **I'll be right back.** すぐに戻ります。 | 124 |

| 199 | **Don't expect too much.** あんまり期待しないで。 | |
| 200 | **I'm about to cry.** 泣きそうです。 | 125 |

| 201 | **Is this seat taken?** この席、空いてますか？ | |
| 202 | **I'd rather not.** 遠慮します。／あまりしたくないです。 | 136 |

| 203 | **I know how you feel.** 気持ちはわかるよ。 | |
| 204 | **I wish I could.** そうできればいいんだけど。 | 137 |

| 205 | **I'm so proud of you.** 私も嬉しいです。 | |
| 206 | **I'm stuck in traffic.** 渋滞にはまってます。 | 138 |

| 207 | **The sooner the better.** 早ければ早いほどいい。 | |
| 208 | **It's up to you.** あなたの好きな方でいいよ。 | 139 |

| 209 | **Just bring yourself.** 何も持ってこなくていいよ。 | |
| 210 | **I ran into Ken today.** 今日、ケンにばったり会った。 | 140 |

| 211 | **Should I call her?** 電話した方がいい？ | |
| 212 | **Why don't you like him?** どうして彼のことが嫌いなの？ | 141 |

| 213 | **I'm out of ideas.** ネタ切れです。 | |
| 214 | **It's a greenish color.** 緑っぽい色です。 | 142 |

| 215 | **I have a favor to ask.** お願いがあるんだけど。 | |
| 216 | **Sorry but I won't make it in time.** ごめん、間に合わない。 | 143 |

217 Let's grab a bite to eat. 何かちょっと食べようか。

218 I'll tell you as soon as possible. できるだけ早く話すよ。

144

219 I didn't manage to finish. 最後まで終わらせられなかった。

220 Do you mind moving over a little? ちょっと詰めてくれる？

145

221 Why don't you ask Risa? リサに聞いてみたらどう？

222 First come, first served. 先着順です。

146

223 I'm trying to lose weight. 体重を減らそうと思ってるんだ。

224 Turn on the air conditioner, please.
エアコンつけてくれる？

147

225 How far is it from here? ここからどのくらいの距離ですか？

226 It really moved me. すごく感動した。

148

227 I nearly made a mistake. あやうく間違うところだった。

228 It is going to rain this evening. 夕方には雨になりそう。

149

229 It's worth it. それだけの価値があるよ。

230 Who wants to go first? 誰が最初にやりますか？

150

231 Do you want to hang out? 遊びに行かない？

232 That looks good on you. 似合っているよ。

151

233 I appreciate it. 感謝します。

234 He's strange in a good way. 彼はいい意味で変わってる。

152

235 She's in a bad mood today. 彼女は今日機嫌が悪い。

236 If you're free, you have to come.
暇だったら、来た方がいいよ。

153

237	**It's too early to tell.** それはまだわからないな。	
238	**I ended up not going anywhere.**	154
	結局、どこにも行かなかった。	

239	**I deleted that file by mistake.**	
	間違えてファイルを削除しちゃった。	155
240	**Hopefully, you'll like it.** 気に入ってくれたらいいな。	

241	**How do you like Japan?** 日本はどうですか？	
242	**I'll take care of it.** 私がやっておきます。	156

243	**I'm here to return this book.** この本を返しに来ました。	
244	**Can I take a rain check?** またの機会にしてもらえる？	157

245	**I have a lot on my plate.** やるべきことがたくさんある。	
246	**I'm a morning person.** 朝型人間です。	158

247	**I'll have what he's having.** 私にも彼と同じものをください。	
248	**I'll keep that in mind.** 覚えておくよ。	159

249	**I owe you one.** 1つ借りができたな。	
250	**I'm all ears.** ぜひ聞かせて。	160

251	**It happens a lot.** よくあることだよ。	
252	**I'll see what I can do.** ちょっと、やってみます。	161

253	**I'd like to check-in.** チェックインをしたいのですが。	
254	**We're running out of time.** 時間がなくなってきた。	162

255	**What else do you have?** 他にはどんなものがありますか？	
256	**What can I do for you?** ご用件は何でしょうか。	163

| 257 | **How come you know?** どうして知ってるの？ |
| 258 | **No offense.** 気を悪くしないでね。 |

164

| 259 | **I'm supposed to finish at six.** 6時には終わるはず。 |
| 260 | **What's that all about?** それはどういうことなの？ |

165

| 261 | **Don't get me wrong.** 誤解しないでね。 |
| 262 | **Something came up.** 急用ができた。 |

166

| 263 | **You know what I mean.** 私の言いたいことはわかるでしょ。 |
| 264 | **She's bossy.** 彼女はいばってる。 |

167

| 265 | **I worked out at the gym.** ジムで筋トレした。 |
| 266 | **What do you do on your days off?** 休みの日は何をしてますか？ |

168

| 267 | **It slipped my mind.** つい忘れてました。 |
| 268 | **I want to chill at home today.** 今日は家でゆっくりしたいな。 |

169

| 269 | **I might go shopping later.** あとで買い物に行くかもしれない。 |
| 270 | **Can we reschedule?** 日程を変更できますか？ |

170

| 271 | **What are you in the mood for?** 今日は何をしたい気分？ |
| 272 | **Can you look it up?** ちょっと調べてくれる？ |

171

| 273 | **When did you get back from Okinawa?** いつ沖縄から戻ったんですか？ |
| 274 | **I'm feeling a bit under the weather.** ちょっと体調が悪いみたい。 |

172

| 275 | **I've just missed my train.** 電車に乗りそびれた。 |
| 276 | **I'm getting off here.** 私はここで降ります。 |

173

| 277 | **What time does it get to Osaka?**
大阪には何時に着きますか？ |
| 278 | **May I ask your age?** 年を聞いてもいいですか？ |

174

| 279 | **It's not that I'm upset.** 怒ってるわけじゃないけど。 |
| 280 | **How did you guess?** どうして知ってるの？ |

175

| 281 | **Have you ever seen a Panda?** パンダを見たことある？ |
| 282 | **Unfortunately, I don't know exactly.**
残念だけど、正確にはわからないんだ。 |

176

| 283 | **You're right in some ways.** それも一理あるね。 |
| 284 | **Don't bother.** おかまいなく。 |

177

| 285 | **It's nice and warm today.** 今日は暖かくていいね。 |
| 286 | **I'm kind of busy this week.** 今週はちょっと忙しいんだ。 |

178

| 287 | **The third from the top.** 上から3番目です。 |
| 288 | **How about the day after tomorrow?**
明後日はどうですか？ |

179

| 289 | **Are you with me?** ついてきてますか？／理解できてますか？ |
| 290 | **I'm curious about this shop.** この店すごく気になる。 |

180

| 291 | **I bet you'll pass the exam.** きっと試験にパスするよ。 |
| 292 | **Do you have size 11 in black?** 黒のサイズ11はありますか？ |

181

シチュエーション別・使えるフレーズ！

買い物の時に使えるフレーズ

食事の時に使えるフレーズ

仕事で使えるフレーズ

仕事で使えるフレーズ

[著者紹介]

 Sakura English

YouTubeチャンネル登録者数58万人（2024年5月現在）の人気英会話アカウント。「誰もが英語を手にする環境を」をモットーにYouTube動画のほか、Podcast音声なども発信している。27歳の時の、サンフランシスコでの半年間のホームステイ経験を経て、独学で英会話を習得。その後、英会話講師の道へ。講師としてレッスンする中で、多くの日本人が十分な知識を持ちながらも、英会話に苦手意識を持つことを実感。2021年、もっと日本人に英語を身近に感じてほしいという思いから、YouTubeチャンネルを開設。本書は2021年にKindleでリリースされた『ネイティブが最初に覚える英会話フレーズ300』を大幅に加筆修正した完全版。

シンプルなのに圧倒的に「伝わる」！
ネイティブが最初に覚える英会話フレーズ300

2024年2月19日発行 第1刷
2024年9月15日発行 第3刷

著者	Sakura English
発行人	鈴木幸辰
発行所	株式会社ハーパーコリンズ・ジャパン
	東京都千代田区大手町1-5-1
	04-2951-2000（注文）
	0570-008091（読者サービス係）
イラスト	あらいしづか
ブックデザイン	沢田幸平（happeace）
印刷・製本	中央精版印刷株式会社

定価はカバーに表示してあります。
造本には十分注意しておりますが、乱丁（ページ順序の間違い）・落丁（本文の一部抜け落ち）がありました場合は、お取り替えいたします。ご面倒ですが、購入された書店名を明記の上、小社読者サービス係宛ご送付ください。送料小社負担にてお取り替えいたします。ただし、古書店で購入されたものはお取り替えできません。文章ばかりでなくデザインなども含めた本書のすべてにおいて、一部あるいは全部を無断で複写、複製することを禁じます。

©2024 Sakura English
Printed in Japan
ISBN978-4-596-53829-1